THE LEADER HABIT

MASTER THE SKILLS
YOU NEED TO LEAD IN JUST MINUTES A DAY

领导者
习惯

卓越管理的22个必备技能

【美】马丁·拉尼克(Martin Lanik) 著

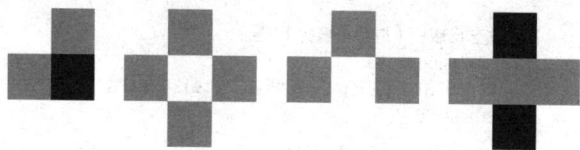

王新玲 译

四川文艺出版社

图书在版编目（CIP）数据

领导者习惯：卓越管理的22个必备技能 / （美）马丁·拉尼克著；王新玲译 . -- 成都：四川文艺出版社，2019.1（2019.3重印）

ISBN 978-7-5411-4919-1

Ⅰ . ①领… Ⅱ . ①马… ②王… Ⅲ . ①领导学 Ⅳ . ① C933

中国版本图书馆 CIP 数据核字 (2018) 第 254674 号

著作权合同登记号 图进字：21-2018-517

The Leader Habit: Master The Skills You Need To Lead In Just Minutes A Day by Martin Lanik.

© 2018 Global Assessor Pool LLC, d/b/a Pinsight®

This edition arranged with HarperCollins Leadership,a division of HarperCollins Focus , LLC. through BIG APPLE AGENCY. INC. , LABUAN, MALAYSIA.

Simplified Chinese edition © 2018 Jiangsu Kuwei Culture Development Co. Ltd.

All right reserved.

LINGDAOZHEXIGUAN

领导者习惯

[美] 马丁·拉尼克 著

王新玲 译

出 品 人	刘运东
特约监制	王兰颖
责任编辑	梁康伟
特约策划	刘思懿
责任校对	汪 平
特约编辑	刘思懿　苗玉佳
封面设计	原 色

出版发行　**四川文艺出版社（成都市槐树街2号）**
网　　址　www.scwys.com
电　　话　028-86259287（发行部）　028-86259303（编辑部）
传　　真　028-86259306

邮购地址　成都市槐树街2号四川文艺出版社邮购部　610031
印　　刷　北京永顺兴望印刷厂
成品尺寸　145mm×210mm 1/32
印　　张　7.75　　　　　　　字　数　140千字
版　　次　2019年1月第一版　　　印　次　2019年3月第四次印刷
书　　号　ISBN 978-7-5411-4919-1
定　　价　39.80元

每一个认为读这本书能够提高你的领导才能的人，
请相信，它可以做到，只要你把它付诸实践。

To everyone who thinks reading this book will improve
your leadership skills.
It will . . . if you put it into practice.

目 录

C O N T E N T S

001　**序言　劳拉的故事**

007　**第一部分　领导力运行原理**

009　第一章　领导力是一系列习惯的集合

027　第二章　领导者习惯公式

049　**第二部分　建立你的领导技能**

051　第三章　如何坚持练习

073　第四章　从 5 分钟练习到全面的技能训练

091　第五章　开始你的领导力习惯训练

107　　**第三部分　技能发展练习**

111　　**第六章　　完成任务**

112　　技能 1：管理优先级

115　　技能 2：计划和组织工作

118　　技能 3：妥善委派任务

122　　技能 4：创造紧迫感

125　　技能 5：分析信息

128　　技能 6：思考解决方案

131　　技能 7：做出正确的决定

135　　技能 8：专注于客户

139　　技能 9：销售愿景

142　　技能 10：创新

146　　技能 11：管理风险

149　　**第七章　　专注于人**

150　　技能 12：影响他人

153　　技能 13：克服个体抗拒

157　　技能 14：优质谈判

161　　技能 15：授权他人

164　　技能 16：指导和训练

167 　技能 17：建立团队精神

171 　技能 18：建立战略关系

174 　技能 19：表达关心

178 　技能 20：积极倾听

181 　技能 21：清晰沟通

183 　技能 22：魅力交谈

187 　第四部分　鼓励他人发展新技能

189 　第八章　激励改变

211 　第九章　培养领导习惯

237 　致谢

序言

劳拉的故事

　　劳拉是一家医院的急诊室护士，这家医院曾雇用我来为其员工提供领导力培训，她一直认为自己是一位优秀的领导者。作为急诊室的最佳护士，她为自己引导病人改善健康状况而感到自豪，也为自己在同事间常展现出的非正式领导能力感到骄傲。她相信自己会成为一名优秀的护士管理人员，认为自己肯定比之前遇到过的那些军事化独裁式的管理人员做得更好。但是，劳拉一直没通过管理岗晋升，她很沮丧，因为似乎没有人认为她是一个领导者。她准备通过参加领导力发展项目，来证明自己已经足以成为一名管理者，这看起来似乎是个不错的证明方式，因此，她报名参加了我的课程。她不确定她究竟会学到多少——毕竟是企业培训——但她认为，这些凭证会帮助她最终获得晋升。如果晋升不成功，她打算退出护理行业，去做一名房地产经纪人。

　　然而，劳拉没有意识到的是，她其实早就成了一个她所讨厌的军事化独裁式的管理者。她的同事们认为她好争辩，爱挖苦人，总是以自己的议程为先，对别人的意见不屑一顾，不善于倾听，情绪不稳定，很难打交道——至少，她称不上是一个高效的领导者。

劳拉并非有意地去选择做一个消极或难以共事的人。她上班并不是为了挖苦人、和同事吵架，或者因为别人不同意她的观点就生气恼火和咄咄逼人——她只是不经思考就那样做了。事实上，她陷入了一种自动重复的消极行为模式中。这些行为悄然根深蒂固，以至于她自己都没意识到她的同事和医院的领导们是如何看待她的。六年里，工作时间长、压力大，再加上职场中竞争好胜的氛围，让劳拉整个人变得精疲力竭、消极负面——而她自己却一直没发现这一点。

劳拉来到我的领导力发展项目时，带着同样的消极态度。基于她这些年多次的企业培训体验，她对这次培训的期望并不高。她对自己能否学到新东西，或者是否可以为管理职位做更好的准备持怀疑态度，但她愿意来坐几天，听听"软技能"讲座，这样在她简历上就可以写上：曾参加"领导力发展培训"项目了。

在培训第一期的时候，劳拉惊讶地发现，这个培训项目的课程设计和她之前参加过的其他培训项目并不一样。本次培训并没有以系列讲座和工作坊加教材式阅读材料的形式呈现，这次的项目专注于通过简单的5分钟日常练习，来塑造积极的领导习惯。

尽管如此，劳拉下意识地带着讽刺回应道："所以我每天花5分钟做这些琐碎的练习，就能成为一名更好的管理者？好吧，你说什么就是什么。"这似乎太过简单也太有成效了，令人难以置信，但她决定试一试。"好吧，"劳拉想，"让我们做完这些步骤，把这事儿完成。"她并不知道，她即将改变自己的生活。

两个月后出现了变化

劳拉以一个简单的练习开始了她的领导力发展培训，这个练习旨在帮助她学会问一些开放式的问题：在意识到你想问一个问题之后，请用"什么（what）"或"如何（how）"开头。她所要做的就是将以上行为每天练习一次。劳拉是一个好胜上进的人，她接受了这个挑战，但她很快发现，在急诊室忙碌的工作日里，她没有时间停下来思考、询问开放式问题。为了确保自己不会忘记练习任务，劳拉每天上班前都会在手上写一个提醒："问什么/如何……开头的问题。"

一开始，劳拉练习时不免感到尴尬，但当她坚持每天练习询问后，她学到了一些新东西。她第一次注意到她的同事们的意见有多么多元化，她发现自己很喜欢听他们讲话。她还意识到，如果她在发表自己的观点之前先询问她同事的观点，对方会更容易接受。她和急诊室同事的关系开始变好了，甚至包括她之前认定的难以相处的同事们。随着练习的每一次重复，她越发自信，而且，问开放式问题的技巧也在迅速提高。

大约两个月后，劳拉意识到，她不需要再把提醒写在手上了。她在每一次谈话中都能提出一些优质的开放式的问题。事实上，很多时候她发现自己不需要考虑问什么，也可以轻易提出问题。曾一度感到尴尬和困难的技能变得如此自然和容易，已然变成了一种自动的行为。它成了一种习惯。

通常的假期争论

劳拉的新习惯不仅改变了她在医院里的表现，还延伸到她生活的每一个角落。

对劳拉和她的两个姐妹来说，每年的 12 月带来的不仅仅是暴风雪和圣诞的气氛，还有一年中三姐妹最激烈的争吵——为了圣诞节礼物。

他们每年都要讨论在彼此和侄子侄女身上花了多少钱，这已经演变成一个令人不愉快的节日传统，并且总是以大喊大叫、谩骂、感情受伤、哭泣和后悔告终。劳拉没有自己的孩子，但有幸收入更高，她坚持为每个人买礼物，但她的姐妹们想通过抽选名字的方式交换礼物。

然而今年她们姐妹之间关于礼物的谈话有了意想不到的转变。当礼物交换的话题一出现，劳拉的新习惯自动生效了。她仍然倾向于给每个人都买礼物，但她并没有像过去每次那样，立即否定姐妹们的想法，而是问："你为什么想抽名字？"这个简单的问题彻底改变了讨论的过程。劳拉和她的姐妹们多年来第一次对她们每个人想要什么，以及为什么要这样做，进行了深入、坦诚的交谈。她们没有再对彼此大喊大叫，而是互相倾听。归功于劳拉的问题，她和她的姐妹们在关于礼物赠送上达成了一致意见，满足了她们的每一个需求。劳拉的一个姐妹后来紧紧拥抱她说："这次不一样了！"

好习惯，更成功

随着时间的推移，劳拉的新习惯为她在个人生活和职业发展上带来了更多的成功，她得到了她想要的晋升，她克服了自己的职业倦怠，开始重新热爱自己的职业，她成了她一直相信自己会成为的领导者。与同事、朋友和家人的关系也得到了改善。结果，她现在比以往任何时候都更快乐、更自信。所有这一切只源于一个 5 分钟练习。

第一部分

领导力运行原理

第一章

Chapter 1

领导力是一系列习惯的集合

拥有极强领导才能的人在商业和生活中都能取得成功。不管你是训练一个青少年棒球联队、领导一个教会团体、组建一个新家庭、打造一个初创公司、管理一个现有业务的团队，还是运营一个价值数十亿美元的全球公司，成为一个高效的领导者会更容易让你实现目标。

本书主要是关于如何通过更好的习惯养成，来塑造成为更好的领导者，恰如劳拉所做的那样。方法很简单——先确定一个你想掌握的领导技能，假如这项技能是主动倾听，那么你就每天通过简短且专注的练习训练该技能，直至它成为一种习惯。我把这称为领导力习惯公式。

这个公式与其他领导力发展项目不同。大多数领导力培训、教育和自我提升项目，通常将理论知识的传输和课堂教学作为标准方法，本书的领导力公式却主张，通过有意识地练习来培养领导能力，这是一段持续的过程。这种方法是建立在科学观察的基础上的，即观察人们如何最有效地学习新技能，以及观察习惯如何有力地影响我们的行为。你的领导力习惯越优秀，那你作为领导者的表现就会越好，也就会越成功。

在我们详细讨论这个公式之前，我们首先来了解究竟什么是习惯。

什么是习惯

心理学家将习惯定义为一种自动化行为。这就意味着对于习惯养成的行为，我们不会去主动加以思考——这些行为会在给定提示的情况下，自然无衔接地反应出来，几乎不需要任何下意识的努力；即便有，通常我们也意识不到。习惯让我们更高效，为我们节省了宝贵的精神能量，也让我们有时间专注于其他事情——比如思考人生的意义或者幻想我们下一次海滩度假的机会。人们常常将习惯视为其自身必须努力改掉的不良行为，例如，你可能希望戒烟、少喝酒，或者选择不乘电梯多爬楼梯，但并非所有的习惯都是不好的。事实上，你已经养成了许多可以提升你生活质量、积极向上的好习惯——你可以步行、读书、驾车、数钱、看财务报表、在网上预定航班、游泳、滑雪和演奏乐器；你还懂语言，可以和你的同事和朋友沟通交谈，这几个都是些常见的习惯。

其中一些习惯是通过刻意练习获得的。你在学校学习如何阅读和计数、如何理解财务报表及如何管理项目。通过练习实践之后，这些技能就变成自动化行为，你现在仅凭潜意识就可以直接实现。其他一些你无意中养成的习惯，比如你父母坚持让你做的某些日常行为，像是必须在早上离开家之前吃早餐，你也会将这些行为内化为习惯。但不管你的习惯是如何养成的，它们也都确实改变了你的大脑。你的大脑由数十亿个叫作神经元的细胞组成。在每一次新的经历或体验后，这些神经元会与其他神经元建立新的连接。正是通过这些连接，神经元以电脉冲的形式共享信息。两个连在一起的神经元同步放电，即一个神经元通过电脉冲传递给它的相邻神经元。你的大脑将该经历记录为以相同模式共同放电的特定神经元回路。

当每次重复同样的经历时，这种特殊的神经回路便一次次地被重复放电刺激，与你大脑里正储存和处理的所有其他记忆和思想相比，他们更强大也更易于被大脑获取。而神经回路变得越强，获取和处理它的自动性就会越高。

正是这个自动性把行为变成了习惯。自动性是一种不需要专注于每一个细节便可以实现任务执行的能力，可以通过练习实践得以塑造。当你同时可以完成两项任务时，你就已经达到了行为的自动化。大概实现自动化能力的最佳例子是驾驶汽车吧，当你第一次开始学习驾驶时，你必须专注于开车这项任务的每一个细节——油门踏板、离合器、刹车、方向盘、后视镜、灯光、转弯指示灯的使用，等等。但当你开车已经达到了自动化水平时，你就不会有意识地去思考这些细节，你可以毫不费力，一边听收音机或谈话，一边驾驶。

没人想成为一个糟糕领导者

如果你认真关注过劳拉的故事，你会注意到，在劳拉改变前，她并未有意识地选择做一个消极粗鲁的人。她每天早上醒来并没有下意识地想要和谁吵架、要去贬损谁、或去挖苦谁。劳拉养成了这样的行为习惯，自己却从未意识到。一旦坏的习惯养成，她对日常事件就会不加思考地消极反应和处理。自动化行为取代了她原本的应对。

劳拉的经历很常见。事实上，在我的整个职业生涯中，我也从未遇到有意识地主动选择做一个糟糕领导者的人。领导者表现不好时，通常也可能是出于其坏习惯的惯性表现而已。

举个例子，假设你走进你员工的办公室，向他要你需要的东西的时候，他正在敞开门的办公室和一位顾客谈话。你的员工并没有和你建立眼神交流，这是一种非语言信号，让你知道他想在这场谈话结束之后，再和你交流。你是粗鲁地打断谈话，还是有礼貌地等到你的员工和客户交谈完？

纽约大学的研究人员也提出了类似的问题。更重要的是，研究人员想知道他们是否能让人们无意识地陷入坏习惯且丝毫意识不到自己的行为。他们能够让人们表现粗鲁，打断别人的谈话吗？为了验证这一点，研究人员设计了一个简单的实验。大学生们来到实验室以为他们将要完成两项语言能力的短期测试。在第一个测试中，学生们被要求快速地把一些打乱的单词尽可能快地拼成一个语法正确的句子。以下是一个例子："pizza-you-like-do"，该句语法正确时读作"Do you like pizza ?（你喜欢比萨吗）？"在学生们完成第一次测试后，他们被告知去找研究人员，研究人员会给他们第二次测试的指示。在另一个房间里等待的研究人员会假装正在与同事谈话。当学生走进第二间教室时，研究人员没有与学生进行眼神交流，而是偷偷地启动了一个秒表，精确地计时多久之后学生会打断这场假装的谈话。

学生们不知道的是，第一场语言能力测试只是一个陷阱，为了看看他们是否会自动陷入坏习惯。一些学生完成了一项包含消极词汇的拼句测试，如令人讨厌的、咄咄逼人的、生硬的和粗鲁的，我们称之为"粗鲁组"；其他学生也完成了类似的句子拼读测试，但这组测试中的单词是积极正面的，如尊重、礼貌和礼仪，我们称之为"礼貌组"。

谁更有可能打断谈话呢，究竟是来自粗鲁组还是礼貌组的学生？

如果你猜粗鲁组的话，你是对的。事实上，在粗鲁组中，67%的学生打断了谈话，而在礼貌组中这个比例只有16%。尽管粗鲁组的学生没有意识到这一点，但他们的大脑却在不自觉地中处理了拼句测试中消极词汇的信息含义，这反过来使他们自动地陷入打断别人交谈的坏习惯中去。

南加州大学的研究人员也有类似的发现。这一次关注的坏习惯是在安静的环境中大声说话。要怎样才能让学生们在安静的实验室养成大声喧哗的坏习惯呢？事实证明，仅仅是看到一幅体育场馆的图片就能达到以上目的。对于经常在体育场观看体育赛事的学生来说，这张照片引发了他们大声说话的习惯性反应。即便在没有典型的刺激源诸如争论或要盖过障碍性声音的情况下，他们也会提高声音音量。

"生命不可承受之自动性"

上述两项研究表明，我们很容易在不知不觉中养成坏习惯。尽管打断别人和在安静的地方大声说话只是两个常见的例子，但你个人和职业生活的各个方面都有可能会受到这些自动性、习惯性行为模式的影响。从你醒来的那一刻到你入睡的那一刻，你都在做着同样的、一致的每日例程。你的许多日常生活都是完全自动化的——你甚至不知道你自己在做这些事情，或者你可能称它们为直觉或第六感等深奥的概念。

很有可能你每天早上都是按照同样的顺序做事。大概是这样的：闹钟响后，你启动咖啡机、铺床、冲澡、刷牙、穿衣、吃早餐、上车然后开车去上班。一旦你开始工作，先乘电梯到四楼，和接待员打招呼，然后径直走到你办公室，打开你的电脑，查阅新邮件，检查你的时间表，再来一杯咖啡，浏览一下你的社会媒体消息，读读新闻，在赶去第一场会议之前回复几封电子邮件。自入职后的过去的 10 到 20 年里，你可能每周五天都一直例行如此——所有这些都是由习惯驱动的行为。

"生命不可承受之自动性"一词是我借用的 1999 年发表在《美国心理学家》上的一篇文章的标题。在这篇令人大开眼界的文章中，两位心理学家呈现的研究证据挑战了现代心理学的基本假设，即人们有意识地对他们周围的信息进行有效的处理和分析，并利用这些信息对自己的行为做出深思熟虑的决定和选择。然而，研究证据表明，大多数人的日常行为并不是他们有意识的决策或刻意选择的结果。你的大脑会无意识地处理你周围的信息，在很多情况下，自动性占据了你的大脑，而你却没有意识到。换句话说，你是习惯的产物。

事实上，在你的工作和生活中几乎有一半（43% 到 47%）的日常行为是习惯性的，是在无意识情况下被自动处理的，其原因是人脑有意识处理信息的能力有限。一个人有意识地处理的信息每秒大约只有 110 比特。然而，即使是最简单的日常任务也需要大量的脑力。

例如，仅仅解码语言和理解本页上单词的意思就需要每秒 60 比特的信息。

就连你在这一页上阅读单词的行为也是一种习惯养成的结果。你会自动地从左到右，从上到下阅读。你听不出单个的字母，但却自动地从单词中提取出意义（You dno't sonud out idinvduial letrets, but rtaehr you amuotatlicaly exractt meniang from wrods）①。注意你是多轻松就读出上一个句子的，尽管在这个句子中大多数单词并没有正确拼写。这是因为你的大脑会自动地把每个词作为一个整体来处理。只要第一个和最后一个字母出现在正确的位置，你的大脑就会自动填充剩下的部分。

当你读到这一页的最后一行时，你的大脑会自动地——提示另一个习惯——去翻页。你知道你拿起这本书后已经翻了多少页吗？可能不会，因为你翻页的时候是无意识的。你可能自己不会心里暗想："我现在读的是这一页的最后一行。在大约两秒钟的时间里，我先把右手放到页面的右上角，然后拇指和食指并用，轻轻夹住将这页立起来，之后右手快速移动到页面下方，把这页向左翻，左手接住，然后移回右手拿着书。

由于你现在正专注于解读页面上单词和句子的意思，因此你大部分有意识的处理能力都被消耗掉了。比如说，你没有意识到你的呼吸已经放缓，你的手因为拿着书而感到疲倦，或者你坐的椅子有点太硬不舒服。但是你的大脑一直在吸收所有这些信息，在你没有意识到的情况下进行分析处理，并自动调整你的身体。你也许把会手放在腿上休息，或者会调整坐姿重新改变身体重心。无论你是否

①　原句直译为：你听不出单的个母字，但是动自地从词单中取提出意义。

意识到这一点，你都在不断地对周围的提示做出反应，大都是熟练的习惯性反应。

自动性不仅可以承受，而且是有益的

不久前，我在新奥尔良的一次宴会上遇到一位有趣的绅士，我们暂且称呼他为斯科特。八年前，斯科特受邀聆听一家新兴软件公司的推销会，他是当时受邀的二十人之一。这个推销会就像一集创智赢家①（又名鲨鱼坦克，Shark Tank）或硅谷②（Silicon Valley）——一群有能力的年轻人热情地描述他们颠覆性的科学技术将如何改变世界，这里的世界是指人力资源的世界（HR）。斯科特回忆说："这些人身上有些不一般的东西。"他们的热情带有传染性，像野火一样在屋子里扩散，直到烧到了坐在后排的我。突然之间，我有一种强烈的感觉，我必须加入他们。

当时，斯科特在其父亲的人力资源咨询公司工作，该公司拥有五名全职员工，几名承包商，每年的收入稳定在 200 万美元左右。公司主要为中小型企业提供初级人力资源工作的外包服务，比如负责工资薪酬和员工福利。斯科特父亲的公司业务稳定，斯科特早些年也在准备等父亲退休后就接手。

在推销会之后，斯科特开始相信他刚刚看到的软件将会是人力资源的未来，他坚定地认为：他和父亲需要把他们的业务转到软件

---

① 创智赢家：美国 ABC 电视台出品的一档发明真人秀节目。
② 硅谷：美国 HBO 电视网出品的一部情景喜剧。

上支持它。这是一个相当大的风险。几乎没有人听说过这种新软件，只有少数公司在使用它。此外，该软件由两家巨头供应商主导，市场成熟竞争激烈，因此获得市场份额也并不容易。然而，斯科特说服他的父亲加入董事会，他们一起把他们的小型咨询业务转到这个新的应用软件上。今后，他们的业务将只提供直接接入新软件的人力资源外包服务。虽然存在风险，但斯科特确信此举会带来回报。

斯科特的直觉是正确的。如今，斯科特八年前第一次看到的这款软件已经在人力资源市场上盛名在外了。这家曾经规模不大的初创公司现在是一家增长迅速、市值15亿美元的上市公司。通过早期与公司的合作，斯科特自己的公司已经发展到800名员工，年收入达到5亿美元。是因为他幸运地在正确的时间出现在正确的地方吗？或者是斯科特的直觉源于他的习惯？

科学研究表明，事实上，直觉只不过是内在化的经验——另一种形式的自动性和习惯。例如，有记录显示，新生儿在血液检测呈阳性之前，专家护士就能够辨别出孩子何时会患上危及生命的疾病。如果你问这些护士他们是如何知道孩子得了重病的，他们并不能明确地告诉你，许多人会简单地把它归因于直觉。然而，当研究人员详细分析了专家护士所关注的信息时，他们发现了一些关于婴儿身体状况的线索和模式，其中一些甚至不是护理教育课程的一部分。事实上，这些护士所关注的一些医学指标与成年病患的正好相反。

和这些护士一样，斯科特是他所从事领域的专家。他在父亲的人力资源咨询公司工作了12年，对这个行业了如指掌。当他在推销会上看到新软件时，他大脑处理的信息比他意识到的要多。当所有正确的提示都出现时，斯科特的大脑自动做出了一个决定——他需要把自己的业务转到这个软件上支持这家初创公司。

　　你的许多行为是习惯性的、自动的，发生时是无意识的，认识到这点并且接受并不容易，事实上，它看起来似乎难以承受。虽然最初你可能会因为把自己的不良行为归咎于习惯而感到安慰，但这个说法对于生命的意义、道德感和个人责任提出了问题。著名捷克作家米兰·昆德拉在他的小说《生命中不能承受之轻》中探索了这一悖论，正是此书启发了我前面提及的美国心理学家文章的标题。习惯和人类行为的自动性的本体论意义姑且留给他和哲学家们去思考吧。

　　对于斯科特和其他人来说，习惯不仅是可以承受的，而且是有益的。事实上，如果没有他们，你会很难完成任何事情。如果你每次都必须对日常生活的方方面面做出新决定，你很可能早上连门都出不了。你应该喝滴滤咖啡，意式浓咖啡还是卡布奇诺？你是在家自己煮还是在上班的路上买？你是否应该在洗澡前刷牙？你应该淋浴还是泡澡？你是否应该在给身体打肥皂前，先洗头发？你早餐应该吃什么？培根和鸡蛋吗？麦片加牛奶吗？哪个牌子的麦片？要不要来一杯水果汁？你肯定明白了——把这些生活的常规元素变成习惯会让你的生活更轻松、更高效。

　　如果你大部分日常行为由习惯驱动但却仍然卡顿，请记住：有意识的思考需要努力和精力，两者都属于有限资源。你的大脑只能有意识地每秒处理 110 比特的信息，这在宏大琐碎的各种事件前明显不够。如果不是出于自动性和习惯，每秒 110 比特将是你所能处理的所有信息，你的生活很可能类似于一个被基本的生理需求驱动的动物。习惯可以帮你节省脑力，让你在工作和生活中获得更多。

伟大的领导者拥有伟大的习惯

当你想到自己的习惯时，最容易想到的通常是显而易见的习惯，比如你的晨间例行事项。

但请记住，你的行为中至少有一半，甚至更多是习惯性的，这一点也适用于你的工作，就像适用于你到办公室之前的惯例行为一样。你如何开始你一天的工作，如何开会，如何回复邮件，如何接电话，如何与同事互动，在某种程度上都是由习惯所驱动的——有些是积极的，有些是消极的。

如果你想像劳拉一样获得晋升，或者想像斯科特一样为你的公司做出正确的战略决策，你需要有正确的习惯。但是你最初是如何养成这些习惯的呢？是看遗传基因吗？需要拥有名牌商学院的工商管理硕士学位（MBA）？参加领导力发展项目？雇用一个昂贵的执行教练？拥有一套适当的工作和生活程序？每天练习？

早期的领导力理论家假定，领导者是天生的。这些理论家们相信，有些人天生就具有特殊的性格特征，这使他们更有可能担任领导职务。然而，双胞胎研究反驳了这一观点。当研究人员检查异卵双胞胎和同卵双胞胎担任领导角色的可能性时，他们发现遗传因素仅占30%，另外的70%不是遗传的，而是后天习得的。

如果领导力主要是后天习得的，那么我们有理由认为，最终成为领导角色的人必须具备其他人所不具备的某些技能。事实的确如此，数十年的研究充分记录了这些高效领导者具备的技能。我们知道最优秀的领导者善于影响他人，沟通清晰，预先计划和战略思考，能很好地委派授权——这只是表面现象。

例如，澳大利亚格里菲斯大学（Griffith University）的研究人员发现，在他们研究的 56 家豪华酒店中，管理人员中那些拥有具体愿景、迎合员工的价值观、授权员工做决策的人，比其他管理人员表现更好，他们指导的员工取得了更好的财务业绩。同样地，在对一家工业分销公司工作的 100 名分行经理的研究中，那些超越自身利益、表现出自信、强调共同愿景、激励和激发员工、鼓励创新和创造力的管理者，指导每个员工实现了更高的年销售额和利润率。事实上，关于这一主题的文献很多。

在我自己的研究中，我和我的团队回顾了有关这一主题的大量文献，以期能够在高效领导者中找出最常见的领导技能，让人们成为有效的领导者之一。经过长时间的评议，我们列出了 22 项核心技能清单（见图 1-1），这些技能成为领导习惯公式发展的组织框架，我将在下一章详细描述。

图 1-1：核心领导技能	
完成工作	**专注于人**
计划和执行 管理优先级、计划和组织工作、妥善委派任务、创造紧迫感	说服力和影响力 影响他人、克服个体抗拒、优质谈判
解决问题和做出决策 分析信息、思考解决方案、做出正确的决定、专注于客户	促进个人 & 团队的成长 授权他人、指导和训练、建立团队精神
领导变革 销售愿景、创新、管理风险	人际交往技能 建立战略关系、表达关心、积极倾听、清晰沟通、魅力交谈

现在，我们应该清楚的是，领导力发展的核心问题不再是"谁有能力成为一个伟大的领导者"，而是"培养优秀领导者的最佳方式是什么"。

如果你已经消化了这一章的关键信息，那你已经知道答案了：培养优秀领导者的最佳方式是帮助人们将 22 项核心领导技能内化到自动化的程度——换句话说，将这些技能转化为习惯。我们如何做到这一点？

在图 1-2 中，你可以看到人们是如何塑造领导技能的。我们将练习量放在水平（x）轴上，自动性放在垂直（y）轴。如果没有任何练习量，位置则处于图的左侧。随着每天练习，位置会逐渐向右移动。记住，自动化是指处理任务达到一种不需密切关注事物的任何细节，就可以处理好的程度——就是任务自动进行，不需要你有意识地处理。一项新任务需要练习才能变得自动化，你练习得越多，任务处理就越自动化——任务的自动化程度就越高。

图 1-2：人们如何培养技能

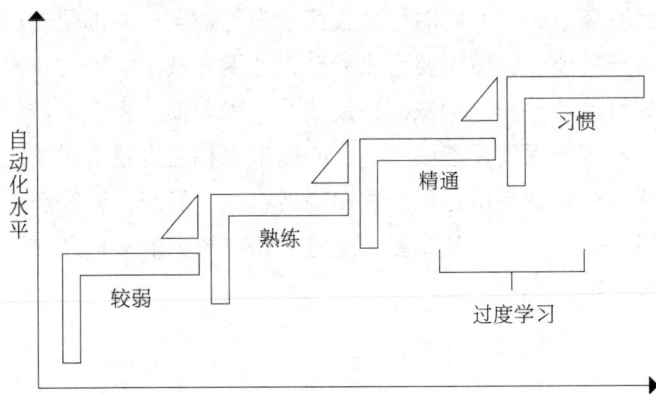

　　任何领导技能一开始都是弱项，你还没有练习过这项技能，不知道如何把它做好，所以你必须更专注。这个阶段需要付出很多努力和专注，在这个过程中你会犯很多错误。例如，学习如何用愿景来激励你的跟随者。这项技能包含多个部分：先描绘蓝图的目标结果，这样你就可以为你的跟随者们具体地定义目标（想想"月球上的人"）；之后预见整个集团或公司的发展方向；理解他们的价值观和需求，从而确保你的愿景对他们有吸引力。

　　当你继续练习这项技能时，你的大脑将开始自动处理一些基本的过程，比如记住任务的先后顺序，也许在顺序的特定部分会更熟练。也许你会找到一种方式来解读你的追随者，让你不用耗费太多的专注力就能够快速地理解他们的价值和需求，或者你本身就是一个很容易想象出终点的视觉型的人。当你的大脑内化这项技能的不同组成部分时，技能就会开始变得更容易，你也越来越熟练了。

　　坚持练习得越多，尤其是那些你觉得有挑战性的事情，你就越接近掌握的程度。当你达到掌握的程度时会特别擅长这项技能，你自己有信心做好，同时也会收获别人的认可。但即便你已经掌握了这一技能，仍然需要专注和努力才能完成它，因为还没有完全形成自动性——这项技能还没成为一种习惯。完全形成习惯需要在达到掌握程度后继续练习，心理学家称之为过度学习。如果你坚持习惯性地使用远见激励追随者，你会发现，曾经那些让你觉得困难、不自然以及需要大量努力和专注力的事情现在会毫不费力地发生。

领导力发展哪里出了问题？

我们大多数人似乎直觉地认为领导力与成功之间存在联系，因为我们所有人都在自助课程和书籍上投入了大量时间和金钱，想要改善我们的领导能力。

2011 年，美国的自助市场价值高达 100 亿美元。尽管这些市值中健康、健身和减肥计划类产品占很大一部分，但紧随其后的是理财、商业和个人发展类产品。

同样，企业也在领导力发展方面投入巨资。2012 年，美国企业在领导力发展项目上的支出为 136 亿美元，比前一年增长了 14%。平均下来，在培训和资源支出上，公司愿意为基层和中层管理人员花费数千美元，愿意为高管人员花 6000 美元以上，高潜力雇员可以达 7000 美元以上。

事实上，自 1996 年以来，每一年在领导力发展项目上的支出都在稳步增加。但是有一个问题：所有这些投资并没有让我们成为更好的领导者。相反，用于支持领导力发展的宏观经济数值与大众对领导力的集体信心之间，存在负相关关系。2015 年，布兰顿霍尔集团（Brandon Hall Group）对 34 个国家和 31 个行业的 500 多个组织进行了调查，结果令人担忧。一半的受访者表示，他们的现任领导并不具备必要的技能来有效领导他们的组织。此外，71% 的组织表示，他们的上司或领导也没有为未来领导公司做好准备。

尽管人们有意愿成为更好的领导者，用于领导力发展的资金越来越多，但很明显的是，领导力问题已经是一个全球性问题了。究竟是哪里出了问题呢？

正如我们已经看到的，问题不在于缺乏对领导力本质的了解；

从概念上讲，优秀领导者的技能和行为都很好理解。事实证明，问题在于大多数人培养发展领导力的方式。

"读本书或上节课"

如果你想学习一项新技能或在某件事上做得更好，你最可能从朋友、家人、同事和导师那里得到的建议是"读本书或上节课"。这一点在大多数企业中尤为明显，企业的人力资源部门常常会向你推荐一份满是在线或面对面课程的企业大学目录。事实上，培训是商业领域中大多数员工发展项目的首选。2017 年领英公司（LinkedIn）的一项调查发现，78% 的公司主要以讲师引导为主的课程来教授他们认为最重要的专业技能——领导力和人员管理。

我们将书本和课程视为学习的最后途径，因为它们通常看起来是最简单的解决方案，而且也是最熟悉的方式。我们的大部分童年和青年的时间都在教室里学习和阅读课本，所以很自然地继续依赖课本，但这实际上就是问题所在。事实证明，书本和课程并不是学习新技能的最佳途径。实际上，关于商业环境的研究表明，基于课堂的培训通常是无效的。据估计，人们在工作中只使用了他们在课堂上所学内容的 10%。

传统的课堂教学和书本学习方法在领导力培养方面并不有效的原因有很多，一是我们会忘记在课堂上读到或学到的大部分内容。

在心理学早期，德国科学家赫尔曼·艾宾浩斯（Hermann Ebbinghaus）以自己为实验对象测试了人类的记忆能力。他开始学习无意义的单词，这些单词遵循一个简单的"辅音—元音—辅音"

模式，比如"REH"，但单词本身无任何意义。因为这些单词毫无意义，他无法将它们与任何已经储存在他记忆中的东西联系起来。他花时间一遍又一遍地研究这些无任何意义的单词，然后测试了自己的单词记忆能力。他希望可以通过这种最纯粹的形式来测量记忆。

艾宾浩斯发现，在研究这些毫无意义的词汇一个小时后，他已经忘记了其中的 35%。一天后，他只能记住一半的单词。六天后，他竟然忘记了 85% 的单词。这一发现被称为艾宾浩斯的遗忘曲线。在学习外语的人中也发现了类似的遗忘模式，所以我们迅速忘记的并不仅仅是无意义的词汇。

传统领导力发展培训无效的第二个原因是，在培训过程中人们获取的主要是知识，而不是技能。如果你能记住并在适当的时候回忆起来，那知识就是有用的，但在实际做事情的时候，更重要的东西是技能，而技能只能通过有意练习的系统练习机制来培养，这与获取概念性的知识是非常不同的。

也许，了解知识和技能之间的区别的最好方法就是观察音乐教育。如果你曾经学过如何弹奏一种乐器，比如钢琴，你就会知道，仅仅上一节音乐理论课或者在视频网站 YouTube 上看别人弹钢琴的视频，并不能让你成为一名音乐会钢琴演奏家。要学习弹钢琴所需的许多技能，你必须自己坐在琴键前大量练习才可以。

在学习成为领导者方面也是同样的道理。就像弹钢琴一样，关乎领导力更多的是技能而不是知识。成为一个更好的领导者的唯一途径是通过有意识的、持续的实践练习来提高你的领导能力——这是传统的领导力培训很少提供的。

最后也是最重要的一点，传统领导力培训失败的原因还在于，它没有考虑到习惯对人类行为的巨大影响。大多数领导力培训都基于这样的假设：我们的日常行为是理性的、深思熟虑的、被有意识地控制的——但正如我们所见，这种假设与事实相去甚远。是习惯塑造了我们，无论是在个人生活上还是职业发展上，再多的课堂教学或书本学习都无法培养出让我们成为更好的领导者的习惯。

这就是领导者习惯公式的由来。我们通过将领导技能转化为习惯，训练人们用有效行为自动对各种情况做出反应，从而成为更有效的领导者。

本书将指导你使用领导习惯公式——培养领导技能并将其转化为习惯。在下一章中，你将了解习惯是如何形成的，我将详细描述领导者公式及其背后的研究。在第二部分中，你将学习如何坚持习惯养成所需的有意练习，一个简单的 5 分钟练习如何转化为全面的技能点，以及如何利用公式中的领导力技能和日常练习，打造专属于你的领导者习惯训练方案，这些都包含在第三部分中。最后，第四部分用来指导那些负责帮其他人培养领导技能的人，比如家长、教师、教练、顾问、高管教练和人生导师，公司经理以及人力资源和组织发展的专业人士。它为在各种非正式一对一或团队背景下使用公式、提供指导，并将作为正式领导力培养发展项目的一部分。

第二章

Chapter 2

领导者习惯公式

2013 年 7 月 6 日，周六，旧金山国际机场异常晴朗，韩亚航空 214 航班正准备向 28 号跑道停靠。海湾没有云层或大雾，天气条件适合常规降落。乘客舱的座位安全带指示灯还在亮着，11 个小时的飞行即将结束，大家都觉得有种放松解脱的感觉。

在航空公司工作了 18 年的李润海是该航班当天的客舱乘务长。当这架波音 777 客机开始降落时，她和其他乘务员最后一次走过机舱，收集乘客用过的杯子和其他垃圾，打开窗户遮光板，并检查乘客是否系好安全带。检查完一遍后，李润海坐了下来，扣好安全带，等待着陆。

接下来发生的事绝不是常规事项了。当飞机的主起落架和尾部撞上跑道尽头的海堤时，飞机飞得太低并坠落。起落架、机尾和引擎在坠落期间都被扯了下来。主机身沿着地面滑了 2400 英尺才停下来。"这不是我们通常的着陆方式，"李润海后来在新闻发布会上说，"飞机猛烈地撞到地面，再次颠簸，向两边倾斜，最后停了下来。"

不到一分钟，飞机残骸起火，被黑烟吞没。

李润海一听到"紧急逃生"的声音，她的大脑就进入了"自动航行模式"。没有时间去思考，没有时间去计划，但是她知道下一步该做什么。"我并没有真的在思考，但我的身体开始自动执行疏散所需的步骤，"李润海后来对一名记者说，"发生火灾时，我只是想把它扑灭，并没有去想太危险或者'我该怎么办'的问题。"

李润海在坠机后的行动是她接受多年训练的结果。她能够疏散乘客，扑灭大火，帮助受伤的人，这些并不是下意识思考之后的行为，而是因为她无数次地练习过这些紧急程序，这些程序早已成为她根深蒂固的习惯。当紧急情况发生时，训练养成的习惯使她迅速自动化地根据灾难提示做出反应。

显然李润海的训练是有效的。在某种程度上，多亏了她那天出于习惯的自动化行为，214 航班上的 307 名乘客中，除了两名乘客外，其余都从坠机现场被救了出来。

李润海的紧急逃生训练之所以有效，是因为它的设计初衷是为了塑造习惯——训练专注于将特定的提示（例如，火）与特定的行为（灭火）联系在一起，通过反复地有意识地练习，直到行为可以对提示形成自动反应。一旦训练过的行为变成习惯之后，李润海就可以对紧急情况的提示做出反应，下意识地去做。不管她当时是在压力之下还是处在疲劳之中，或者正处于危及生命的灾难中，即使她当时完全在想别的事情，她的自动反应也不受影响。每当有提示出现时，她都会自动地采用她学过的与之配对的特定行为做出反应，比如：火（提示）——灭火（行为）。在 214 次航班失事后的混乱中，李润海和同事们训练有素的习惯无疑挽救了大家的生命。

当我们训练自己自动做出正确的行为以应对特定的提示时，对于习惯所拥有的强大力量，李润海的行为恰是一个很好的证明。其实，养成李润海高效应对的习惯原则具有普遍性，也正是领导者习惯公式的起点，它极大简化了领导力的培养发展，使其更简单、更容易获得、更有效。（记住，从本质上讲，领导力只不过是一系列习惯的加总而已。）就像李润海应对紧急逃生养成的习惯一样，如果你知道哪些关键行为值得关注，你也可以培养相应的习惯，使自己成为一个更好的领导者。

　　但首先，你需要了解人们是如何养成习惯的，领导者习惯公式又是如何形成的，以及公式的基本运行原理。

习惯养成

　　正如第一章提及的，就习惯来说，无论是好习惯还是坏习惯，都只是对相应提示的自动反应。我们每个人都有自己的习惯，虽然大多数人不会像李润海紧急训练后的习惯那么紧张刺激。例如，吸烟者坐下来喝咖啡时可能会忍不住点燃一支香烟。酗酒者走上吧台后可能会被吸引去点一杯纯威士忌。对一个苦苦挣扎的节食者来说，开车经过星巴克很难不停下来喝一大杯白巧克力卡布奇诺。习惯一旦养成就会变得牢固且难以戒除，就像我们从很多戒烟者、酗酒者和努力减肥的人身上看到的那样。

　　所有的习惯都包括配对的提示和行为，当提示出现时，你会以某种行为做出反应。假设你刚搬到一所新房子，自从搬家后你就一直找不到钥匙，因为你进门的时候总是爱把钥匙放在不同的地方。你觉得沮丧，所以决定要把钥匙放在同一个地方。所以今天，进入你的新家（提示）后，你把你的钥匙放在厨房柜台（行为）。你明天再次重复同样的事情，后天再次重复同样的事情，以此类推。最终，配对成功——你牢牢记住一旦进入你的新家，就把钥匙放在厨房的柜台上，以至于你每次进入房间都会自觉行动，根本不需要考虑。你一遍又一遍地重复同样的行为，直到它变成一种习惯。现在你再也不会不知道你把钥匙放在哪里了！

　　在这个例子中，有意重复练习是非常重要的。最高效的习惯养成方式是通过有意识的练习，将相同的提示与相同的行为一遍遍重复配对。对某提示仅有过一次反应的行为不会发展成为习惯，习惯养成需要大量重复。这意味着即便促成"特定提示—行为配对"的过程很简单，习惯养成也需要很多初始努力。

　　回想一下当你第一次养成使用安全带的习惯时，花了多长时间才记住，上车后必须先系好安全带？最初你可能需要花费很多精力——你也许要靠父母和朋友提醒，或者是汽车安全带发出警告才会记得去系，起初可能会让你觉得不舒服。但随着后面更多的有意练习，这种行为变得舒适且易于执行，直到最终成为一种习惯。实践中行为的一致性，即同样的提示一而再再而三地与同样的行为配对，这导致了习惯的形成。

　　用科学的术语来说，一种行为在无意识思考的情况下自动化地对一个提示做出反应，我们称这种状态为自动性。当一种行为实现自动性并成为一种习惯时，它就不再是有意的或受意识控制的。抽烟者坐下来喝杯咖啡后会自动点燃一支香烟，在看到点燃的香烟后才意识到自己正在抽烟。酒鬼在听到"你喝什么"的问题后会自动地要一杯纯威士忌，他甚至就没思考过什么其他的饮料。苦苦挣扎的减肥者在驾驶途中看到星巴克的标志后，会自动开到免下车餐厅；

她并没想到那份超大杯白巧克力奶油星冰乐有 510 卡路里。李润海听到"紧急逃生"后立即采取行动展开救援，她并没有停下来去想是什么导致了飞机坠毁，或者现在的情况是多么危险。

在你对一个行为练习到超越掌握的程度，也就是说即使在你认为自己不会表现得更好的情况下，仍然继续练习，这种时候自动性就会开始发挥作用。科学家发现，当你开始一种新的行为时，你的大脑会形成一种新的行为模式。在你练习你的新行为时，你的大脑会努力更新思维模式，以便更好地预测新行为，并克服可能阻止行为发生的障碍。随着时间的推移，只要重复的次数足够多，你的大脑就会完善其思维模式，通过剔除不必要的过程和减少能量浪费，使行为更加有效。我们没有意识到我们的大脑正在这样做，但是结果却已经在实验室的测量里显示出来。事实上，研究人员已经发现，在对一项技能超越掌握程度后的练习中，所耗费的能量和精力会最大幅度地降低。而达到掌握程度之后，进行有意识的练习被称为过度学习，这就是形成自动性和习惯养成的阶段。

过度学习如何能解释我们先前提到的吸烟者和酗酒者的例子呢？你可能会指出，人们并非刻意吸烟和饮酒去养成这些习惯，你是对的。我们都知道，我们自己的很多习惯都是无意中养成的，并没有刻意练习过。这是因为反复的提示—行为配对练习只是整个习惯养成的一部分，另一部分是奖励因素。

1947 年，美国著名心理学家 B.F. 斯金纳观察到了一些非同寻常的事情。几年来，他一直在用鸽子做实验，他成功地教会了鸽子如何通过完成各种任务而获得食物。在他的一个非常简单的实验中，斯金纳把一组鸽子放在一个装有自动喂食机的独立笼子里。这个颗粒分配器每天都被设置好，按预先设定的时间间隔给鸽子喂食。例如，每天从下午 3 点 50 分到 4 点，鸽子会每隔一分钟获得一些食物颗粒，之后停止喂食，直到第二天再继续。

随着实验的进行，斯金纳注意到一些鸽子开始养成奇怪的习惯。一只鸽子开始把它的头两边转动，就像一个运动的钟摆。还有许多其他奇怪行为的例子，在实验的最后，四分之三的鸽子都养成了奇怪的习惯。斯金纳意识到鸽子的这些习惯是随机形成的：无论它们在喂食时间里做了什么行为，都会获得食物颗粒的奖励。由于奖励，鸽子学会了将这种行为与食物颗粒联系起来，于是它们一遍又一遍地重复这种行为，以期待能获得食物，最后直到这种行为变成一种习惯。

斯金纳的实验表明，奖励是形成习惯所必需的第二种条件。简单地说，反复得到奖励的行为会变成习惯。这就解释了人们如何养成了与吸烟、酒精和食物相关的习惯性行为。人们从吸烟、酒精、脂肪或甜食的化学物质中获得的快感，驱使他们不断重复这些行为而获得奖励。当被奖励的行为对同一提示进行足够多的练习时，整个习惯循环就产生了：提示—行为—奖励。

不管你是用"提示—行为"配对还是"行为—奖励"配对开始习惯循环，都无关紧要。需要记住的重要一点是，只有当线索和奖励都存在的时候才能将一个行为变成一种习惯。一方面，你可以根据线索有意识地练习一种行为，就像多年来李润海在空乘培训期间所做的那样；另一方面，如果你从行为中获得满足感（奖励）的激励后，你会在达到熟练掌握程度后继续练习。无论以上哪种方式，一旦你达到过度学习的层次，思维方式将在脑海中得到完善并生成自动性，这时你就养成了一个新的习惯。

提示—行为—奖励的循环解释了习惯是如何形成的。站在高层次上看，这个过程看起来很简单，但我们需要进一步研究一些细节。例如，你可能已经注意到一些行为很容易转变成习惯（吸烟，喝酒，吃不健康的食物，等等），而另一些需要有更多的努力去建立（健康饮食，定期锻炼）。我们知道所有行为的习惯循环方式都是一样的，那是什么导致了培养不同习惯耗费的精力差异？我们如何才能分清，具备哪些特征的行为会更快速地形成为习惯呢？

加速形成习惯的行为特征：
简单的，单独的，一致的行为

　　一声超声波的巨响突然响彻大西洋的深黑色的水域。你很快就确认了声音来源：大约 10 英里外的一艘敌方潜艇。你的任务呢？避免战斗，并将你的潜艇和船员完整地带到大西洋彼岸的一个军事港口。你必须在水下障碍中航行，保持速度、温度和氧气水平，准备好鱼雷，监测声呐，提高护盾。

　　谢天谢地，这只是一个电脑游戏，这是关于不同训练方法有效性的一个实验，你只是实验参与者。穿越大西洋潜艇是一项非常复杂的任务，当天早些时候你接受了训练。对于你的团队，研究人员将整个跨大西洋旅程分解为更小的子任务或大块任务，而且你一次只练习一小块任务。一旦你掌握了这一小块任务，你就开始进行漫长任务的下一小段。

　　另一组的参与者接受的训练大不相同：他们没有把航行任务分成小块进行。相反，他们将整个跨大西洋的航程作为一项单一的复杂任务从始至终进行操练。

　　哪一组学得更快呢？当然是你的小组，因为你们专注于一次练习一小块任务。那些练习一整个复杂任务的人需要更长的时间学习。

　　研究结果很明确：简单的行为比复杂的行为更容易变成习惯。这并不意味着你不能把复杂的行为变成习惯，而是需要先把复杂的行为分解成更细小的行为——心理学家称这个过程为组块（chunking）——你将会更容易地获得更多成功。你已经有过这样做的经验，回想一下你是如何学会走路、演奏乐器或掌握一项运动的。每一项活动都涉及许多复杂的行为，而这些行为是不可能同时一次性学会的。相反，你一次练习一个组块的内容，比方说婴儿时期迈出的第一步，一首音乐作品的第一部分，以及投篮之前的运球。只有在掌握了一个组块的内容，你才开始练习下一组块。

　　另一个快速转变成习惯的行为特征是单独性。这意味着一个行为只与一个特定的提示有关。如果你尝试练习对同一提示做出多种行为反应，那么这些行为会互相竞争，你的大脑就不知道该优先考虑哪个。这使得行为模式很难在脑海中进一步得到完善，无法形成行为的自动性。研究表明，如果同一提示有多种行为直接与之对应，这个行为演化成某种习惯的可能性就会降低。（这是将复杂技能分解成简单组块的另一个原因。通过划分组块可以让你更容易地确定，你是在将每个简单的行为与特定的提示配对。）

　　最后，一致的行为会更快变成习惯。如果你还记得你的大脑会为你的每个行为建立和完善一个模式，这是说得通的。创建行为模式时，一个一直相同的行为比一个总是不同的行为更容易创建——该模式也更容易得到完善和细化。例如，假设你想要变得更善于授权与他人，想要培养这种习惯，你要做的行为是，问你的直接下属他们愿意做哪些决定。你的问题问得越一致，你养成这个习惯的速度就越快。但是想象一下，如果你用几种不同的方式来表达这个问题，有时候是"与本任务相关的决定，你乐意做哪些"？而有时候是"我们怎样才能让你对项目有更多的控制权"？你对问题改变的越多，你的大脑为解释它们所做的工作就越多，其结果是行为实现自动性所需的时间也就越长。

简单、独立、一致这三个要素是理解行为最有可能迅速成为习惯的关键，也是我对领导力习惯公式的灵感来源。

你可能还记得，公式包括22项核心领导技能，每一项都很复杂，很难掌握。这就是传统的领导力培养方法被证明无效的原因之一——试图一次性学习22种复杂技能无异于从头到尾整个演练跨大西洋潜艇航行。理论上说，掌握一切都是有可能的，但实际上，这几乎是行不通的。太多的行为只会竞相分散注意力。最后，几乎没有人能坚持下来。

但是，考虑到上面这三要素，我意识到将复杂的领导技能分解成更小的微行为是可行的。一旦我确定了所有的微行为，我就可以将它们作为简单且有针对性练习的基础，任何人都可以每日轻松练习，培养习惯，这些习惯随时间的推移逐渐得到积累，最终将会提高领导技能。如果确实可以将复杂的技能分解成更细小的微行为。这个想法就提供了一种新的、更有效的领导力培养方法。

解构领导技能

我的研究团队的日程安排如下：我们将研究22种最常见的领导技能，并试图通过观察和分析来自世界各地近800位领导的行为，尝试将构成每一项技能的微行为梳理成行为目录。如你所料，这不是一项简单的任务。

我们最大的挑战是在观察分析众多领导人行为时，找到一个标准化的处理方式。这里的标准化是指，每个领导者的情况都完全一样，同一家公司，同一职位，相同的领导情形以完全相同的顺序出现。

为什么我们如此在意标准化？因为只有保持所有的情境细节不变，我们才能梳理出参与者们领导行为的差异，并对高效和低效的领导者进行有意义的比较。

我们决定对标准化场景使用实时领导模拟。我们构建了一个现实的 3 小时的日常模拟，可实现虚拟播送，包括真人角色扮演——你可以把它想象成哈佛商学院（Harvard Business School）精心设计的案例研究。在参与模拟之前，参与者会收到事前文件进行学习，他们可以了解到他们虚构的新组织和虚构的新工作——组织结构图、财务报表、战略计划、行业趋势，等等。模拟开始时，有几封电子邮件等着他们去处理，还有一个会议需要参加。我们训练演员扮演不同的角色，比如有表现欠佳需要指导的员工、令人讨厌的电视记者和公司的首席运营官。演员通过网络摄像头与参与者联系，并让他们参与简短的角色扮演。在角色扮演的间隙，参与者收到了更多的邮件，这些邮件里提问者向他们提出了需要解决的不同的问题。

我们记录了每一次角色扮演互动和每一次电子邮件交流，并请独立的评估人员观察这些视频中记录的领导者的行为。我们的评估员至少拥有心理学或相关领域的硕士学位，并且已经完成了关于如何正确观察和编码各种领导行为的大量培训。至少有三名独立评估员对每位参与者进行了观察，为增加客观性我们对评估者的评分进行了加权平均处理。

在过去的几年中，我的研究团队收集了 795 位领导人的观察结果，其中 56% 是男性。我们样本中的领导人分别担任高级主管（26%）、中层领导（27%）和一线经理（23%）。他们的平均年龄是 40 岁，有 8 年的管理经验。大多数领导人被确认为白种人 / 欧洲人（48%），拉丁裔 / 西班牙裔（30%），亚裔 / 太平洋岛民（4%），黑人 / 非洲人（2%）。44% 位于北美洲，29% 位于欧洲或非洲，22% 位于南美洲，5% 位于亚太地区。

此外，我们研究的领导者中有近一半的人拥有研究生学位（49%），33% 拥有本科学位。他们几乎遍布所有行业，包括制造业（23%）、医疗保健（12%）、教育服务（10%）、建筑业（8%）、金融服务（7%）和专业服务（7%）。

在收集了所有的评估员观察结果后，我们对 159 种不同的微行为进行了统计分析。我们研究了每一次微行为发生的频率，是否被归类为正确的领导能力，是否与其他相关微行为存在关联，是否能预测出领导者的成功表现，以及我们的评估员是否认同微行为的有效性。通过这些统计分析，我们剔除了 80 个不满足所有这些预设标准的微行为。我们最终保留了 79 项微行为，这些行为构成了 22 个核心的领导技能。

随着我们的微行为目录的完成，发展领导者习惯公式的下一步是为微行为设计简单的练习，使任何人都能轻易地将它们变成习惯。习惯循环决定了练习需要将每个微行为与提示和奖励配对，为了使练习者最有效地形成习惯，每一个微行为都必须与自然提示配对。这意味着我们在选择我们的提示—行为配对时必须小心。幸运的是，研究已经发现了那些更有效的行为提示所具备的特征。

有效的行为线索

你可能和这种人一起看过电影，在电影结束之前，那个人把一整桶爆米花吃光了。毫无疑问，这个人喜欢这种口味，但很有可能他/她在电影院里吃爆米花更多是习惯的结果，而不是出于对零食的真正热爱。你是否曾见过这个人在加油站买过爆米花或者在圣诞派对上吃爆米花？可能没有。事实上，大多数人在电影里吃爆米花是因为他们在看电影。

杜克大学的研究人员设计了一项实验，想测验看电影的人在电影院吃爆米花是因为有意识地想吃爆米花，还是纯粹是出于习惯。他们推断新鲜的爆米花比放了7天的不新鲜的爆米花味道好得多（当然是这样）。如果参与者在电影院里吃了和新鲜爆米花一样多的陈爆米花，那么他们一定是出于习惯而不是因为陈爆米花味道好。研究人员邀请两组学生在电影院观看即将上映的电影预告片。一组提供的是新鲜的爆米花，另一组是放置7天的爆米花。当学生们离开时，研究人员称量了桶里剩余的爆米花，看看他们吃了多少。结果表明，不管爆米花是新鲜还是不新鲜，学生们吃的量是一样的。因此，看电影的人吃爆米花是出于习惯，而不是因为好吃。

但是如果你改变了实验设定呢？学生们还会吃同样多不好吃、不新鲜的爆米花吗？在后续的实验中，研究人员将实验地点改为校园会议室。学生们这次看的不是预告片，而是音乐视频。这种不同的环境是否仍会促使观看者习惯性地选择吃不新鲜的爆米花呢？答案是否定的。当场景从电影院变成校园会议室时，学生们吃的不新鲜的爆米花要少得多（食量类似于非习惯性食用者）。

电影院本身就是吃爆米花的一个强烈自然提示。昏暗的房间、电影院的座位和超大屏幕，很自然地诱导提醒我们去吃爆米花。这些提示自然地融入在环境中——它们存在于行为发生的相同环境中。

　　与之对应的是人工提示，你自己创建的那种提示。例如，在你的电脑上贴一个便签或者在你的手机上设置一个闹钟。当人们想要记住做某件事时，他们通常会设置一个人工提示。在养成习惯的初期，在你可能需要提醒来帮助你坚持练习时，人工提示或许是有用的，但从长远来看，它们并不能一直奏效。考虑到你现在已经知道习惯是对特定提示的自动行为反应，这个事实应该不会让人惊讶。如果与行为配对的提示没有与行为本身出现在相同情境里，那么你就别指望这个提示能在正确的时间或正确的情形下触发相应的行为。当人工提示消失时（比如你电脑上贴的便签掉下来了，你忘记设置闹钟了）会发生什么？新的行为也随之消失。因此，如果你想建立一个新的习惯，你必须寻找一个自然发生的，嵌入式的提示来配对。

　　想象一下，如果我让你看完整本书后，要求你在所有提及哺乳动物或可以移动的物体的内容下画横线。现在假设我让你的朋友也浏览整本书，要求其在"她"（she）这个词下面画上横线。你认为谁会更容易养成这种习惯——你还是你的朋友？在挪威特罗姆瑟大学的一项实验中，参与者就被要求完成这些任务。一组给正文中"她"这个单词画线，另一组在同一文本中对出现"哺乳动物"或"可移动物体"的地方画线。结果非常明确，定位"她"这个词的那一组比另外一组的习惯养成得更快。

　　不易发现的提示很难发展成自动化行为，形成习惯的可能性也不大。在上述实验中，作为提示的"她"一词简单具体，容易识别；而另一个提示"哺乳动物或可移动的物体"却十分模糊，抽象又复杂。请记住，你的大脑正在试图简化它的思维模式，即简化提示和行为配对的思维模式。如果提示复杂且难以识别，那么你的大脑就必须花费更多精力识别出提示的各种变体，而抵达自动性和习惯的旅程的终点将需要更长的时间。

值得庆幸的是，犹他州盐湖城的警官雷斯特·法斯沃思·索斯（Lester Farnsworth Wire）在他在 1912 年设计第一款交通灯时，肯定知道显而易见的提示才具有好的效果。绿色和红色在色轮上是相互对立的，这就使对比变得简单明了。试想一下，如果定义橙色表示"前行"状态，红色表示"停止"状态，会发生多少起事故。因为红灯和绿灯之间的对比很明显，你的大脑很容易将"前行"的行为与绿灯联系起来，将"停止"的行为与红灯联系起来。

同样，一个好的提示必须是独一无二的——它不应该与已经存在的其他行为有关联。这只是前面提及的独立化特征的另一个说法，即当只有行为与唯一的提示相配对时，行为才会更快地变成习惯。因此，从另一方面来讲，如果你想为一个新的行为确定相对应的提示的话，不要选择那种已经和另一个习惯配对的提示。在这种情况下，你实际上可以使用现有习惯的结束作为对新行为的提示（我将在第四章讨论如何创建行为链）。

那么什么是好的提示呢？一个好的提示应该自然地嵌入到你希望发生行为的情境中；它必须简单、具体、明显，而且独一无二。幸运的是，有一种特殊类型的提示符合所有这些标准，而且显著加快了形成习惯的过程。这类提示就是特定事件或特定任务的结束。以下是一些例子：早上启动电脑后、你完成早餐后、你用完午餐后、读完电子邮件后、在你煮好咖啡后、在你拿起电话后、在你意识到你需要做决定之后、会议结束后及问候同事之后。我想你应该懂了。

领导者的习惯公式就是基于事件的提示。在为领导力微行为设计 5 分钟练习时，我的研究团队确定了在每个行为之前可能会自然出现的任务和事件。从这些自然发生的提示中，我们确保每一组的行为与提示的对应都是独一无二的。仅使用自然发生的、以事件为基础的提示为行为配对的另一个好处是，所有练习都沿用这一相同的格式，也就是说在事件或任务完成之后，你就将做出某个微行为，简单易记。

当然，即使有了领导习惯公式提供的简单练习和独特的提示，你也知道，将你期望的领导力微行为转变为习惯的唯一途径是通过有意识的练习。所以，你自然会想，这需要多少练习呢？

练习，练习，再练习

"愿你所有的烦恼都像你的新年决心一样长久"，这也许算是我最喜欢的乔伊·亚当斯的名言。我们都试图在新年年初时开始新的习惯，减肥是最受欢迎的愿望之一。事实上，每年有 4500 多万美国人的新年决心是减肥。其结果是每年有超过 600 亿美元的花费用于购买健身房会员资格、减肥书籍和健身视频。但是很少有人能把自己的健身和减肥计划转变成习惯，平均到 2 月份的第二周，新健身会员人数会减少 80%。

新年决心失败的原因有很多，其中之一是人们坚持的时间不够长，无法形成习惯。

流行的说法称，养成一个新习惯需要 21 天。这是基于麦克斯韦尔·马尔茨博士 1960 年的说法，即人们需要"至少 21 天"来适应手术带来的改变，比如整容手术或截肢手术。然而，习惯你的新形象和养成慢跑的习惯是完全不同的两个概念。

　　那么一个行为要多久才能转变成习惯呢？研究表明，正确答案是流行说法的三倍多，平均为 66 天。在这项研究中，大学生们选择了一种想要实现的习惯，或者是健康的饮食习惯、饮酒习惯或锻炼习惯。只要不是他们已经养成的习惯或行为，学生们可自由选择他们的行为，这很简单，他们选择了一个引发行为的明显的提示。其中，他们有的选择在午餐时吃一片水果或者喝一杯水。其他人也有选择在晚餐前跑 15 分钟的。每天，学生们记录他们是否完成了相应行为，以及他们是否是在有意识思考的情况下做出了该行为。学生们平均花了 66 天的时间，才达到无需思考自动做出行为的状态，这就是我推荐的作为每个领导者习惯练习的最低练习天数。

　　值得注意的是，66 天的时间范围是一个平均值。有些人养成习惯的速度更快，而有些人则需要更长的时间。同样地，有些习惯的养成要比其他习惯花费更长的时间，哪怕其行为简单独立，并且已经与一个好的提示配对。出于这些原因，我建议人们最好不要用限定的时间长度来框定习惯的养成，而是以目标行为是否可以达到自动性为准。达成自动性时，习惯就形成了，反之则没有。这可能需要几天或 45 天，或正好 66 天，或可能需要 100 天。只要你真正养成了这个习惯，那么养成这个习惯所需要的确切时间就不重要了，重要的是你要理解习惯养成的循环，并据此设定你的期望。领导者习惯公式将统计的平均值 66 天作为指导基准，并提醒你大量练习，时间长度要比关于习惯养成的流行说法中所建议的练习时间长得多。记住，只有在过度学习阶段才会产生自动性——在你觉得已经掌握了新行为之后，依然要坚持练习。如果你不确定你的习惯是否已经完全形成，请在图 2-1 中仔细检查一下自动性清单。

领导者习惯公式

图 2-1 自动性清单

这是一种检查你正在练习的行为是否已达到自动性的方法：

☐ 每次提示出现时，是否可以一贯地做出相应的行为？

☐ 你是否在没有思考的情况下或不需要提醒自己去做的情况下做出这种行为？

☐ 你是否意识到，自己在做出该行为时并非有意开始？

☐ 该行为是否是你一看到提示就立马做出的（在几秒内）？

☐ 你是否在两到三个月内的时间一直在练习针对同一个提示的反应行为？

☐ 在被提示后，你是否需要刻意努力才能停止做出该行为？

☐ 你今天完成该行为的效率是否比你刚开始的时候更高？

以上这些问题，你的肯定回答越多，你就越接近习惯养成的状态。
有疑问时，请坚持练习。

不要忘记奖励因素

如果你还记得在我之前描述的斯金纳实验中养成奇怪习惯的鸽子的故事，那么你可能已经注意到，领导者习惯公式还需要最后一个要素来完成——奖励。

正如斯金纳的鸽子所证明的那样，奖励是习惯循环的一个重要组成部分。如果奖励足够充足，其本身就可以形成一个习惯。例如，像海洛因之类的阿片类药物本身提供了几种强大的奖励回报：它们能减轻疼痛和焦虑，并且最开始还会在下腹产生一种类似性高潮体验的突然的温热感。在越南战争期间，大约有一半的美国士兵吸食鸦片或海洛因，其中 20% 成为定期吸食者。对这些士兵来说，鸦片类药物所带来的刺激奖励足以让其发展成为一种习惯。虽然毒品是一个极端的例子，但某些类型的奖励相比其他类型的奖励刺激更强烈，而更强烈的奖励可以加速习惯养成这一假设并没有错。事实上，在领导习惯方面有一种特殊的奖励方式尤其有效，稍后你就会看到。

研究人员用乐高数字拼装做了一个巧妙的实验，研究人们如何对不同类型的奖励做出反应。在这个实验中，参与者被分成两组，他们的任务是组装乐高，拼装得越多获得的金钱回报会越少。参与者第一次完成乐高组装时得到的金钱奖励最多，之后每一次组装随次数增加逐渐减少。在第一组中，每当有人完成一个 LEGO 图形时，这个图形就被稳固地放置在桌子下展示。但在第二组中，每当有人完成一个乐高组装时，研究人员就会在参与者眼前立即将其拆解。两组人在每个组装任务上得到的金钱回报都是一样的。哪一组会不重视奖励而首先选择放弃呢？

　　尽管两组获得的金钱回报是一样的，但第二组先于第一组放弃了乐高组装。这个实验所强调的是内在奖励的重要性。内在奖励比外在奖励更强大，因为外在奖励对人们来说很快就会失去价值。

　　外在奖励是有形的、实体的东西，你在做某事时得到的东西——例如奖品、奖章或证书。在乐高实验的例子中，外部奖励是参与者因组装的每个数字所得到的金钱。

　　内在的奖励是无形的，比如个人满足感或成就感。在乐高的实验中，那些展示了自己作品的参与者会因为自己的组装作品被认可而获得内在奖励。内在奖励比外在奖励（金钱）更有力量，它能激励接受它的团队更长时间地工作。对第二组来说，仅靠外在奖励本身不足以激励他们。在这两组乐高组装的例子中，以及在其他大多数情况下，人们更关心的都是内在奖励。

　　大多数习惯养成的失败之处是选择了错误的奖励类型。当人们下定决心开始锻炼或节食时，他们往往会选择一种外在奖励——他们为给自己埋单，去度假，或者看重朋友的赞扬和认可。但正如我们在乐高实验中看到的，那些外在奖励很快就失去了价值，人们选择放弃。相反，内在奖励不会失去价值。这就是为什么内在奖励作为习惯循环的一部分如此有效，以及为什么将之纳入领导习惯公式。

　　内在奖励的关键在于你从行为中获得满足感。行为本身让你感到满足，所以你本能地想要去做。那么，你如何找到一种促进你的习惯养成行为的内在奖励，尤其是在培养领导者习惯的背景下？

　　当你发现你做出的领导行为对你产生内在奖励时，你必须开始把你的日常行为看成是你个性的表现。如果你是一个性格外向的人，那么和同事交往本身就是一种奖励，因为你能从别人身上获得能量。

但如果你是一个内向的人，情况恰恰相反，社交活动会从你身上吸取能量。对于内向的人来说，与他人交流并不属于内在奖励。你的个性决定了哪些行为对你来说有内在奖励，符合你个性的方式行事本身就是一种内在的满足。

1977 年，研究人员验证了这样一种观念，即人们会从可表达自我个性的工作中获得更多的满足感。研究员通过一份性格问卷测度了十个不同的岗位上的海军人员的工作抱负。根据海军所需的正规训练数量来定性分类，这十项工作被分别归类为"有挑战性的"和"没有挑战性的"两大类。可以说，越具有挑战性的工作，越需要正规的培训。具有挑战性的工作包括雷达维护和降落伞操作，没有挑战性的工作包括非技术维护和仓库管理。研究人员随后对参与者进行了评估，以确定哪些人从工作中获得了更多的满足感——有抱负的人更倾向于从事有挑战性的工作还是非挑战性的工作。

实验结果证实，人们从可表达自我个性的工作中获得更多的满足感。抱负高远的海军人员在有挑战性的工作中获得了更高的满意度。具有挑战性的工作提供了更丰富的多样性和学习机会，并且也需要许多不同的技能来应对。有抱负的人热爱竞争，被成就所激励，而具有挑战性的工作直接反映了他们的偏好，他们从中获得了内在奖励，因此对工作的整体满意度也更高。

与我们的个性相一致的行为更有可能成为习惯，因为我们在做出这些行为时会自然获得满足感，这就是内在奖励的力量。领导习惯公式旨在帮助你利用内在奖励：当你决定将哪些微行为发展成习惯时，最好选择那些与你个性一致的习惯（你将在第三章学习如何做到这一点）。

结合在一起

习惯力量巨大。一旦一种行为变成习惯，它就会根据提示自动地发生，不需要任何有意识的思考。

领导者习惯公式的目的是通过一个有效、高效且易于坚持的过程，来帮助你利用这种能力提高你的领导技能。该公式将 22 项核心领导技能分解为其包含的微行为，并为每一项微行为提供简单、有针对性的练习（参见第三部分关于领导技能、微行为和领导习惯练习的完整目录）。这些练习分解成每天 5 分钟训练，是专门针对习惯养成而设计的。每个微行为都伴随着一个自然发生的提示产生，而且这个提示可能已经是你日常工作的一部分了，领导者公式使用内在奖励来完成整个习惯周期的建立。经过 66 天的刻意练习，你应该发现微行为已经实现了自动化——它已经成为一种习惯。然后你选择一个新的微行为并重复这个过程。你在这个过程中养成的领导者习惯越多，你的领导力技能就会越好。

第二部分

建立你的领导技能

第三章

Chapter 3

如何坚持练习

从外表上看，特里斯坦·庞（Tristan Pang）看起来似乎是个普通的 15 岁新西兰男孩。和他的许多朋友一样，他还在上学，有很多兴趣爱好，比如喜欢弹钢琴，在当地俱乐部游泳。但是他的同龄人还在上高中的时候，特里斯坦正在奥克兰大学学习。事实上，他在两岁的时候就开始阅读小说和非小说类作品，学习高中数学内容。到了 11 岁，他在剑桥大学国际考试（相当于美国高中高年级水平考试）中获得了最高成绩。同年，特里斯坦成为新西兰最年轻的 TED 青年（TEDxYouth）会议演讲嘉宾。

特里斯坦突出的教育成就是其大量非凡实践练习的结果。当他的同龄人年复一年地遵循学校课程体系时，特里斯坦跳出这些人为规定的界限，选择继续独立学习。在数学方面，他学习了从一年级到十三年级（相当于美国中小学的课程）的代数、几何和统计学方面的书籍。在家学习时，他先一口气读完了 13 本关于代数的书，然后又接着看 13 本关于几何的书，重复如此。

如果你还记得你的童年，你当时可能想尽量远离学习——你肯定不想把你的空闲时间花在学习数学上。是什么让特里斯坦这么喜欢学习数学，他是从哪里得到了学习数学的动力呢？

在他的 TED 演讲"探索乐趣无趣，不妨多管闲事"（Quest is fun, be nosey）中，特里斯坦给出了他对数学、物理和化学等学科孜孜不倦地学习的秘密答案。对他来说，这些学科并不是枯燥乏味的，正相反，特里斯坦觉得它们既有趣又刺激。事实上，学科难度越高，他就越能从掌握这门学科中获得满足感。"这是我的激情所在，也是我的天性，我就是充满了好奇心。"从一开始，他就对所有这些学科都充满了热情，想要探索更多内容。对特里斯坦来说，探索科学类主题"就像在玩拼图游戏，是充满挑战和乐趣的。我通常会一小时又一小时地沉迷其中，丝毫意识不到时间的飞逝，直到我妈妈要求我停下来"。

对于特里斯坦和其他许多有天赋的孩子来说，练习他们感兴趣的主题是很自然且很有趣的事情。他们的父母和老师没有强迫他们练习，孩子们也没有强迫自己练习，但他们从实践中获得的极大的满足感让他们自己根本停不下来。

进入"心流"

心理学家将特里斯坦在学习数学或物理时所经历的状态定为"心流"，这一术语最早是由米哈里·齐克森米哈伊（Mihaly Csikszentmihalyi）提出的。心流，也就是通常所说的"专心致志"，其特点是你个人完全沉浸在某项活动中而忘记其他一切事物，活动本身对你来说就是内在奖励。所有干扰都消失了，你不会感到饥饿、无聊或压力，你不会注意到时间的流逝，你的所有注意力都集中在手头的任务上。在他 2004 年的 TED 演讲"心流，通往幸福的秘密"中，齐克森米哈伊将这种经历描述为一种专注的状态，这种状态会带来内心的"陶醉感"和"纯净感"，在这种状态中，"你确切地知道从一个时刻到另一个时刻你想做什么"。在一个相关的例子中，纪录片导演昂迪·蒂莫纳(Ondi Timoner)描述了她在剪辑电影时的感受："这是一种超然的感觉，就好像我必须用最快的速度在身体上传达和表现在我身上窜流的思想和联系。在思想的拼图碎片各就各位时，我似乎成了它们的一个渠道。"

"心流"的概念贯穿人类历史和文化。例如，在日本武术中，这种不费吹灰之力的警惕性的词是"zanshin"(残心)，字面意思是"不半途而废的心"。从公元前 4 世纪的中国哲学家庄子的叙述中，我们可以看到一个屠夫正在切割一头牛，在他手所接触的地方，肩所靠着的地方，脚所踩着的地方，膝所顶着的地方，都发出皮骨相离声，进刀时发出"霍"的响声，这些声音没有不合乎音律的，合乎《桑林》舞乐的节拍，又合乎《经首》乐曲的节奏。

最近，在积极心理学领域的基础性工作中，齐克森米哈伊和他的同事们收集了经常有"心流"体验的人的日志和访谈记录。从这些叙述中，他们发现了一种前后一致的叙述：除了人们并未有意识到自己未曾分心，以及时间飞逝之外，他们因为太过于沉浸于自己的行为，专注到行为本身不费吹灰之力。经常有"心流"体验的人指出，这让他们更深入地投入到自己的激情中，帮助他们在自己的领域变得更熟练、更有见识，并最终使他们在职业生涯中获得更大的成功。不同背景、不同学科的人都有过同样的经历，从骑摩托车的帮派成员到牧羊者，这说明每个人都可以在自己热爱的领域体验到"心流"。

记住刚刚说的最后一部分：任何人都可以在自己热爱的领域体验到"心流"。虽然在完成诸如洗碗或叠衣服这样的日常任务时可以体验到心流，但人们通常是在追求自己喜欢的东西时，实现"心流"的状态。这种愉悦感——一种内在奖励——是实现心流的关键之一。

我并不是说你需要在每天做5分钟领导习惯练习的同时实现"心流"，尽管你确实有可能达到这种境界：在练习你尤其喜欢的某种领导技能时确实会引发"心流"。如果你达到了这种状态，这很好；如果没有，也别担心。需要理解的重要一点是，心流是专注和有意练习的一种极端表现形式，它依靠内在奖励的力量来实现，你也可以借助同样的内在奖励的力量来帮助你坚持自己每日练习。简单地说；如果你喜欢做某事，那么你更有可能继续做下去。所以，如果你想成功地将领导技能转化成习惯，那么你需要选择你喜欢练习的技能。这意味着要找出与你的行为相匹配的技能，而这些行为在内在或本质上令你满意，你的行为将被视为你的个性表达。

很难成为一个不是你自己的人

为了确定你会从哪些领导技能的练习中获得内在的满足感，你必须首先理解个性特征的概念。这个概念的核心是一个并不新鲜的问题：你在任何情况下都是这么做的吗？还是你会根据周围的环境和周围的人改变你的行为？

假设你正在邻居家参加一个晚宴。她们是一对女同性恋。萨姆又高又壮，留着短发。她不仅在外表上看似占支配地位，而且在讲话中也占支配地位。她控制着整场谈话，明确地示意自己想讨论的话题，而且自信地陈述自己的观点。相反，她的妻子辛迪身材苗条，金发碧眼，衣着华丽，外表非常具有女性气质。她的举止温和，讨人喜欢，令人愉快，谦恭顺从。两个女人都坐在你对面的桌子上，你和她们都在晚餐中随意地聊天。你的行为是否会因与你交谈的对象不同而改变？和萨姆说话时你变得更顺从了吗？和辛迪说话时你变得更强势了吗？

　　芬兰赫尔辛基大学（University of Helsinki）的研究人员基于类似的假设，设计了一个巧妙的实验，以研究在不同情况下人们的行为在多大程度上保持不变。他们训练了四个演员扮演不同的角色：一个扮主导支配型，一个扮顺从谦恭型，另一个保持温和，最后一个能言善辩。这四个演员分别坐在装有摄像机的房间里。研究人员让学生们从一个房间到另一个房间，随机讨论一个话题5分钟，让每个学生与每个演员互动。他们的互动会被录制，研究人员以此观察并为学生们在四种不同情况下的行为评分。学生们是否因为与哪个演员互动而变得更强势或更顺从？他们对温和好辩的演员哪个更友好？

　　结果表明，不管他们在与哪个演员交谈，学生们的行为在前一次谈话和下一次谈话中基本一致。事实上，学生的行为中有42%的行为是一致的，只有4%的行为变化是由不同的环境造成的。剩下的54%的行为是随机的——也就是说，他们的行为受到实验环境无法系统解释的因素影响。我们可以从这个研究中得出的结论是，人们的大部分行为在不同的情况下是一致的，但这不是决定性的。事实上，观察到的行为中超过半数是随机的，这给有意识的操作和自由意志留下了很大的空间。因为你的性格会影响你的日常行为，所以你往往在不同的情况下保持行为的一致性。这些一致的行为模式是内在奖励的来源之一——做我们感觉自然而然的事情感觉很好。

在不同的环境和不同的人周围我们的大部分行为仍然保持一致，这一点是个性特征概念的核心内容。你可以把个性特征看作定义你是谁的一种稳定的行为模式：有些人内向，有些人外向；有些人友善，有些人善辩；有些是有组织的，有些是涣散的。个性特征是由基因决定的，并且在我们的一生中基本不会改变。我们常常没有意识到个性特征对我们的强大影响力，因为就如同习惯一样，个性特征产生的行为模式也是无意识的。

当我们按照自己的个性特征行事时，我们会感到行为的自然和轻松。如果我们想要表现出和性格不一致的行为也并无不可，比如内向者可以表现得像外向者，随和的人可以开始争论，但做出和我们个性特质不一致的行为需要有意识的努力，并且难以持续，正如接下来的研究中证明的那样。

在弗吉尼亚大学，研究人员研究了当人们的行为与他们的个性特征相违背时会发生什么。在这个实验中，研究人员基于性格表现的不同将本科生分成两组，即善于表达和不善于表达的两组。在善于表达的组中，有一些特质使他们能够以一种活泼、生动、戏剧化的方式行事。在不善表达的组中，人们则倾向于无情绪化、平淡的行为。这些学生被要求在视频中陈述他们对一个争议话题的看法，但是有一个转折：善于表达的学生被要求表现得克制，而不善表达学生被要求表现得活泼。第三组学生观看了这些视频，并为参与的学生打分。

评分汇总起来后，结果显示，善于表达的学生总是被评为比不善表达的学生更有活力，即便他们试图表现出抑制感，而不善表达的学生总是被评为比善于表达的学生更压抑，即便他们试图表现出善于表达的样子。评分的学生不会被那些试图违背他们天性的学生所愚弄，评分者总是认为有表现力的学生比无表现力的学生更有活力。研究人员得出的结论是，人们很难从他们的自然倾向中改变自己的行为。即使我们设法改变我们的行为，我们也永远不会达到那种自然做出某行为的状态。换句话说，你很难成为一个根本不是你自己的人！

六大性格特征

早期的心理学家发现，在人们的行为举止很大程度上一致时，他们才会意识到，每个人都必须看清自己和他人的这些个性特征。既然我们用语言来描述我们所看到的内容，那么人类所有的性格特征都肯定能在人类语言中得到体现。因此，我们对性格特征的研究最早始于查阅英语词典，挑出所有用来描述人们的词汇：友善的、善辩的、有组织的、情绪化的，等等。

正如你可以想象到的，英语中有数百个描述人的词汇。这样一长串的人格特征很难管理，更难以用一种有用的方式来应用，所以研究人员寻找方法将列表范围缩小为一组基本属性。通过使用一种叫作因子分析的统计技术，他们发现这些词中有很多具有相同的意义，并且在统计上相关。因子分析揭示了 6 类基本个性特征：有好奇心（Curious）、有组织性（Organized）、有关怀心（Caring）、性格外向（Outgoing）、有抱负心（Ambitious）、有适应力（Resilient）。

核心特征很容易记住——只要想想"可可 +R"① 就行了。每个人都
是这六个特征的组合，它们共同决定了你的自然行为倾向，包括你
所喜欢做的事情，以及从中得到的内在奖励。在你进一步阅读之前，
重要的是你要了解你在这六个特征的哪个维度中。您可以查看图 3-1
中所包含的练习，或者可以在 www.leaderhabit.com 免费参加更详细
的领导习惯测试。（如果你在网上参加免费的领导习惯测试，你还将
获得 22 项领导技能的排名。）

图 3-1 你的个性是什么？

以下是描述人们行为的一系列短语。请圈出相应数字来说明每句话对你描述的
准确程度。描述你现在的样子，而不是你未来希望的样子。诚实地描述你眼中
的自己——没有正确或错误的答案。请仔细阅读每句话，然后在刻度上圈出适
当的选项。

我认为自己	完全不像	有点像	不确定	比较像	非常像
心胸开阔，好奇，有创造性	1	2	3	4	5
值得信任，有组织性，守时	1	2	3	4	5
温和，关心他人，有同情心	1	2	3	4	5
友好，外向，不害羞	1	2	3	4	5

---

① 可可 +R：六大特征英文名字首字母连载一起是 COCO（可可）+R。

上进，野心勃勃，果断	1	2	3	4	5
平和，适应性强，不容易有压力	1	2	3	4	5

每组词语中间的词表示它所描绘的性格特征。例如，"开放的、好奇的、有创造力的"这一组，描绘词就是指"好奇心"这一特质。如果你在这个特征词上圈出了1或2，则表明特征值并不高，但如果你圈出了4或5，你在该词的特征值上就高了。而如果特征值是3，则表示你反应的灵活性很高，可以很容易地在与你行为的符合度的高和低的之间波动。这个排名将帮助你在第五章建立你的领导习惯练习计划时，选择一项技能。

当你看你的性格评测结果时，注意你在某些特征上得分高，在其他特征上得分低。这是正常的，也是预料之中的。你所拥有的几种不同的性格特征加在一起，不能说你是好的或不好的——只能说你就是这样的人而已。心理学家认为每个特征都是一个从低到高的连续统一体。你越接近连续体的中间，那你通常在该特征上就越灵活。与生活中的任何事物一样，当一个人在特定特征的连续体上过低或过高时，可能会导致消极行为，这是需要引起警惕的极端情况。

确认你的性格特征的主要目的是，帮助你确定哪些领导技能对你来说可以自然习得，并且会有内在奖励。记住，对形成习惯来说，内在的奖励比外在的奖励更有效，因为内在的奖励不会失去价值——我们总是乐意去做那些顺自己心意的事情。此外，与你的个性特征相匹配的技能不仅仅具有内在回报，而且需要付出的努力会更少，你将在后文看到这一点，它是让你的练习坚持下去的关键因素之一。所以，重要的是要先深入了解你的个性特征，找到你想要获得的领导技能，这样就能更容易地把它们变成习惯。

接下来，我将描述六种性格特征并突出说明这些特征将会对那些领导技能产生影响。在第三部分中，你将会看到更多关于这六种人格特征与 22 种领导技能之间关系的细节。

有好奇心

有好奇心的领导者是强大的战略家和高瞻远瞩的人，他们提倡创新和变革。他们喜欢解决复杂的问题和制订不同的业务方案。在好奇心方面得分高的领导者往往是有创造力、有智慧的类型。他们会花时间思考问题，经常注意别人没有注意到的事情。因此，毫无疑问，在所有的性格特征中，好奇心与解决问题的能力有着最强的关系。在好奇心方面分值高的人很自然会习得分析信息和思考解决方案的领导技能。

在好奇心方面得分高的人，天生就有善于创新和运用战略思维的倾向。在研究中，好奇心的性格特征与以下行为表现出紧密联系，比如提供关于新的、不同的做事思路、讨论新的想法、鼓励沿着新的思路思考、尝试新的做事方式，以及看到事情的可能性而非问题。因此，好奇心方面的高分者自然具有创新这种领导技能。

在好奇心方面得分过高的领导者会被认为是抽象的、理想主义的以及过于概念性的。他们可能把太多时间花在了思考和斟酌自己的想法上，以至于他们最后无法做出决定。他们也可能会努力使自己的想法变得实际。

好奇心方面分值低的领导者更实际、更具体，是更倾向于线性的思考者。尽管他们可能被视为不太有战略眼光，但他们在决策过程中往往是理性而务实的。因此，好奇心分值不高的人很自然地拥有类似做出正确决定和管理优先级这样的领导技能，因为他们不会花太多时间去思考那些无关的信息，也不会迷失在自己的思考中。好奇心分值过低的领导者往往会抵制创新，不愿改变或冒险。

有组织性

　　有组织性的领导能做好周密的计划，遵守规则，按时完成任务。他们喜欢搭建框架，预设流程，会自然而然地被推动去创造生活的可预见性。与其他特质相比，有组织性这一性格特征，与领导能力中为自己和他人规划和组织工作之间的关系最为紧密。该特征中的高分者的特点是有条理、系统化，既勤奋又可靠。他们在生活的大部分方面都有自己的计划和程序，能够尽力提前考虑到不可预见的挫折，他们的计划常常一帆风顺。在有组织性上得分很高的人，自然会有诸如像擅长计划和组织工作以及管理优先级这样的领导技能。

　　除了设定清晰的目标和细心规划等领导技能外，"有组织性"的性格特质还表现出与分析技能（如分析信息和在决策前的思考）具有密切的关系。有组织的领导者更倾向于线性思维，他们倾向于在决策过程中遵循更系统化的路径。因此，该项特质的高分者，自然地会拥有诸如想出解决方案和做出正确决策类似的领导技能。

　　但过于有组织的领导者可能会严厉僵化、控制欲强、完美主义，以及厌恶风险。他们可能会错过与自己的计划背道而驰的新机会，因为他们缺乏灵活性。有时，他们严格遵守计划表或流程进度，当出现小问题或事情没有按原计划进行时，他们会做出消极反应。如果你因自己的计划遭遇障碍受挫而感到痛苦，那么你可能是一个过于有条理的人。

条理性差一些的领导者会更灵活，对不确定性有更高的包容度。该项特质的得分低的人更容易具备像"创新"和"委派他人"这样的领导技能，因为这些技能需要更多的开放性、对不确定有更高的包容度、更高的灵活性和抽象思维。但过于无条理组织的领导者可能会变得杂乱无章、不可预测、缺乏细节导向且分散无组织。

有关怀心

有关怀心的领导者重视合作，并与团队相处融洽。他们本能地理解他人的需求，并欣然提供支持。在关怀心方面得分高的领导者有洞察力、支持力、同理心和合作精神。在研究中，与其他所有特质相比，关怀心表现出与考虑他人相关的行为有最强烈的关系。同样，在另一项研究中，有关怀心的行为特质与体贴、尊重员工、对工作表示赞赏、为员工挺身而出、倾听员工想法和建议等行为密切相关。这一项的高分者很自然地表现出善于关心和倾听的领导技能。

关怀心方面得分较高的个体，很自然地拥有与领导团队有关的领导行为。在一项对 126 位经理和高管的研究中，有关怀心这一特质表现出与授权他人、支持他人、参与团队合作和活动这几类行为之间最紧密的关系。由于他们的关怀行为本质上体现出的是体贴和支持，所以这一方面的高分者往往天生就擅长于培养团队精神、授权他人，拥有成为导师和教练等职位的领导技能。

但在关心他人方面得分过高的领导者也会有为人"太好"和过

于渴望取悦他人的风险。他们想要被人喜欢的想法可能会对他们的表现产生负面影响，甚至很容易受到别人影响并被别人利用。他们可能会积极地避免冲突和对抗。

在关怀心方面分值不高的领导者，会被认为是包容和随和的。但如果他们在关怀他人方面得分过低，那他们的行为特点可能是不喜欢合作、过于直接和强硬。有时他们可能会被认为对他人的感情不敏感。

性格外向

性格外向的领导者很有人格魅力，能够迅速建立融洽的关系，并且善于沟通。他们喜欢社交和团队合作。在性格外向方面得分高的领导者有魅力、健谈、充满活力和热情。因此，他们往往在沟通和影响他人的技能上有天然的优势。人们通常喜欢倾听这些充满活力的人说话，而且更有可能记住他们说过的话。此项得分高者很自然地具备诸如魅力交谈、沟通清晰、推销愿景等领导技能，因为他们天生有表达激情的动力，并能推动他人采取行动。

外向型领导者能很自然地建立人际关系。迷人的人格魅力使他们成为优质的交谈对象，而且他们能够迅速地与他人建立融洽的关系。在研究中，性格外向的人更多地会表现出个性开朗、诚实友善，这进一步提高了外向型的人打造良好的人际关系的能力。此项得分高者很自然地适合建立战略关系。

但得分过高的人往往又可能过于健谈而不会倾听别人。在极端情况下，他们可能会给人傲慢、以自我为中心的爱出风头的印象。

在外向型性格得分较低的领导者通常都是沉稳、保守、善于倾听。因为他们含蓄沉默的性格，使他们更倾向于观察和倾听，所以，他们很自然具有诸如积极倾听和高效谈判的领导技能。

外向性格方面分值太低的人通常被认为冷漠、孤僻和说话轻声细语。这些人在社交场合可能显得冷漠、尴尬，很难让他们参与到交谈中。

有抱负心

有抱负心的领导者会做出坚定的决定，并设定他们通常能达到的目标。他们爱好竞争，也受到自身身份的激励。在抱负心方面分值高的领导者致力于实现目标，通常是整个房间中最大胆的人。他们积极主动、自信、果断、精力充沛，有说服力、有影响力。这使他们自然地有能力影响他人并引领变革。在研究中，有抱负心表现出与求取进步、喜欢思考未来以及发起新项目等行为紧密相关，自然地拥有销售愿景和创造紧迫感一类的领导技能。

抱负心方面得分高的人往往有动力和信心做出决策，即使他们缺乏所有必要的信息，他们也不会像没有雄心壮志的人那样常常陷入决策瘫痪中。研究人员发现，抱负心的高低与在决策中承担风险，以及在必要时迅速做出决策的行为表现密切相关。抱负心方面得分高的人自然具备可做出正确决策的领导技能。

当领导人过于雄心勃勃时，他们可能会看起来显得霸道和专横。在极端情况下，这种过高的雄心壮志，可能导致他们做出对自己的业务来说高风险的鲁莽决策。

在抱负心特质方面得分低的领导人大都悠闲、从容、不愿承担责任。他们经常需要努力去营造出一种紧迫感。如果该项得分过低，会被视为处事被动、犹豫不决和优柔寡断。这些领导者可能经常与决策瘫痪做斗争，认为他们需要在做决定之前收集更多信息。

有适应力

有适应力的领导人能够坚持克服障碍，在面临挑战时仍然保持积极和自信。他们能很好地管理他们的情绪，具有可预测性。在适应力这一特质上得分高的领导者平静、温和，可在高压下保持冷静。研究显示，相比其他性格特质，适应力与抗压能力、压力、阻力、失望和不确定性等特质之间的关系最为紧密。适应力特质的高分者凭借冷静平和的举止，在困难的情况下将拥有天然的优势，因此，他们很自然地具备克服个人阻力这样的领导技巧。同样地，在谈判中，得分高者能够在压力下保持冷静，深思熟虑地找到双赢的机会，这使他们天生擅长谈判协商等领导技巧。

当领导者的适应力分值过高时，他们的言行举止可能常常会让别人难以解读，因此这种情况下他们会被认为是缺乏情感，难以交流沟通。在某些情况下，这些领导者过于自信，以至忽视了负面反馈并且漠视了他人的需求。

在适应力特质方面得分较低的领导者，往往对频繁变化的情绪状态很敏感。他们缺乏耐心，喜怒无常，容易沮丧泄气。那些适应力分值过低的领导者往往会对挫折反应过度，变得容易有压力、变得紧张和忧虑。他们可能被视为不稳定的、消极的、不可预测的，且缺乏自信的那类人。

如何坚持练习？
说到练习，少即是多

既然你对自己的个性特征有了一些了解，你就应该能更好确定哪些领导技能会给你带来内在奖励。这一点很重要，因为在你建立你的领导习惯练习计划时，这些技能与你的个性一致的话会更容易练习。

正如我前面提到的，你是否能坚持长期练习一项技能，直至其转化为一种习惯，主要取决于两件事：你发现这项技能的奖励有多大，以及你练习它需要付出多少努力。一个常见的错误就是预先假设你所需要的是高程度的内在奖励。这种假设忽略了这样一个事实：即便是内在奖励最多的活动，也需要我们有动力去完成它。如果你没有足够的动力做某事，无论你多么喜欢它，你都不会去做。

我二十出头的时候在滑雪的经历中就有这种体验。我喜欢滑雪，这对我来说是一种很大的内在奖励，因此冬季的周末，我会在黎明前醒来前往山区。但是在我大学时代，周六一早早起去滑雪有时会很困难，特别是在前一天晚上与朋友喝了几杯（或者多喝了几杯）之后。不管我多么喜欢滑雪，偶尔的星期六宿醉会让我在床上睡到很晚，有几个星期六我甚至都没去滑雪道。尽管我对这项运动充满热爱，但当时我的动力实在太低了。

动机并不是一成不变的，因为毫无疑问，你也有过类似动机，但问题是，通常情况下，我们什么时候有或没有动力是很难预测的。

这是为什么呢？动机是由我们所做的活动决定的吗？我们是否会随着时间的推移而失去动力？有些人总是比其他人更有动力吗？巴塞罗那大学（University of Barcelona）的研究人员通过研究一天及每天之间人们的动机变化情况，来回答这些问题。

在他们的研究中，研究人员要求受雇的成年人随身携带数字助理，并在 21 天的时间周期内每天完成 6 次快速调查。这种方法可以更准确地评估当下的动机，避免了让参与者在事后回忆。调查样本很多元，参与者拥有各种职业，包括邮递员、运动队经理、人力资源主管、银行雇员、会计师和农民。受访者在每次调查中都回答了同样的四个问题：你现在正在做什么活动？它在多大程度上能激励你？你有多大能力做这项活动？这项活动是否使你更接近个人目标？

研究结果显示，无论人们正在做什么类型的活动，他们的动机在一天当中和每天之间都有相当大的波动。因此，活动本身的内在奖励的高低并不重要，在一天的某些时刻，你的动力时高时低。同样地，在某些天你动力满满，某些天又意兴阑珊，不论你多么喜欢一项活动或者多么想去做。当你处于疲倦、饥饿或无聊的状态的时候，都会影响到你的动力高低，引起日常波动。

在坚持练习和培养领导习惯上，这种情况意味着什么？简单地说，你必须为你最没有动力的那些日子做好计划，这样即使你没有精力去做其他任何事情，你也可以完成你的练习。

事实证明，坚持练习的最好方法（尤其在那些你感到疲倦和缺乏动力的时候）是尽量减少工作量（练习量）。荷兰马斯特里赫特大学（Maastricht University）的研究人员通过研究学生们如何与一种名为"飓风游戏"（Hurricane game）的简单电脑游戏进行互动中，发现了这一点。在飓风游戏中，玩家需要"捕捉"一个快速移动的方块，它会在屏幕上移动，每隔四分之一秒就会出现在另一个地方。玩家紧盯着屏幕，等待方块出现，一旦方块可见，他们必须在它再次消失之前点击它。这个游戏需要高度的注意力、专注力和手眼协调能力。它有六个难度级别。随着难度的增加，方块变得越来越小，越来越难以辨认。这并不是最令人兴奋的电脑游戏，所以研究人员给学生们的报酬是每次他们成功点击方块就会获得 0.25 美元。同时，学生们并不知道，研究人员对游戏的难度级别与完成该级别所需的动机之间的关系感兴趣。换句话说，比起简单的任务，完成更困难的任务是否需要更高的动力呢？

你可能会表示怀疑，但答案是肯定的。只有 29% 的学生尝试了最难的关卡，而 99% 的学生都尝试过最简单的关卡。当游戏太难时，很少有学生尝试——他们缺乏尝试的动力。事实上，一项任务越困难，就越需要更多的动力。当任务太困难时，人们就会放弃，甚至不愿尝试，就像大多数学生没有尝试过飓风游戏最困难一关一样。

这就是领导习惯公式使用简单的练习来养成习惯的原因。通过尽可能简单的练习，并且每次只练习一项技能，每天一次，付出很少的努力就可以持续保持练习，这意味着即使在你最没有动力的那些日子里，也应该能够完成练习。领导者习惯公式增加了你在疲劳、压力、饥饿或失去动力的日子里练习的机会。

每天只需五分钟

还记得特里斯坦·庞吗？他就是本章开头提及的天才少年，一直热爱研究数学和物理。他非常喜欢这些科目，而且他对这些科目的专业程度，让他远远超过了大多数同龄人。当他的同龄人还在上高中时，特里斯坦已经在奥克兰大学上学了。他除了热爱数学本身之外，还有一些特质把特里斯坦和他的同龄人区别开来——比如在数学和物理方面，他从不拖延。

正如你从个人经验中所知，拖延症在学术界是一个严重的问题，它影响了 70% 到 95% 的未能毕业的学生。"我明天再做"是我们大多数人在做家庭作业时经常产生的一种态度。但是拖延会导致很多负面结果，比如在期末考试前填鸭式复习，迟交作业，考试焦虑和低 GPA（平均学分绩点）。那么，我们为什么会拖延呢？

在阿尔伯塔大学，研究人员想要了解本科生拖延的原因，以及导致他们故意逃避家庭作业和任务的因素。通过对 261 名学生的调查，他们发现，最能预测拖延症的是学生对自己完成学业能力的信心：那些不相信自己能完成作业的学生比那些相信自己能做好的学生更容易拖延，正是认为自己做不完的这种认知导致人们的拖延。事实上，如果你做的事是你自认不擅长的事，将很难让你感到有动力或兴奋。

在某种程度上，每个人都会拖延。除了教育，拖延行为似乎在清理房屋时尤为普遍，至少在我的经历中是这样。你有多少次会对打扫灰尘、装洗碗机、洗衣服或吸尘选择主动逃避？如果你像我一样，那么你也会在打扫房间上面败给拖延症。并不是说我们认为我们无法完成这项工作——我们当然有能力打扫房子。相反，是另一个相关的想法助推了我们的拖延行为，即完成这个任务将花费太多的时间。一想到要花整个星期六做家务就犯愁，我们会想："我明天就去做。"但当明天来临的时候，我们又会想出一长串要做的事情。

日复一日，我们家里的灰尘和杂物开始变得堆积如山，清理任务变得越来越艰巨，需要越来越多的时间，这就更加助推了我们的拖延行为。

在某一时刻，你必须打破这个循环，开始清理，否则你可能有成为一个囤积狂的风险。但是，当你拖延的时间越长，任务似乎就越难完成时，你该如何去做呢？根据我们对拖延症的了解，你的思维发生改变才能带来转变——你必须开始相信这项清理工作是可控的，并且不会花太多时间。你必须欺骗你的大脑让它认为任务看起来更简单轻松。

奇普和丹·希斯在他们的著作《开关》中将玛拉·西利，一个家庭整理教练以及她的"5分钟房间救援"系统介绍给了全世界。玛拉想出了一个绝妙的策略来打破家庭清洁—拖延的循环。它是这样工作的：你选一个你的房间，设定一个5分钟的定时器，然后开始整理。当计时器停止时，你就停下来。很简单，对吧？不管你的房子有多脏，只打扫5分钟的动力还是可以找到的。果然，那些尝试过这种方法的人不再拖延，花了5分钟的时间来打扫卫生。更棒的是，当他们注意到自己在这5分钟内完成了多少任务时，他们会继续打扫更长时间。很快，他们的房子就变得干净整洁了。

在飓风游戏实验中，当人们认为任务太困难时，大多数人甚至连尝试都没有就选择放弃了。而在调研本科生的案例中，那些认为自己并不擅长功课的学生会一拖再拖。在这两个例子中，做事动机都是由人们的想法决定的——也就是他们对其面对的任务的看法。这种见解也适用于坚持技能练习和对领导习惯的培养上。为了打破拖延恶性循环，你必须相信（而不是欺骗你的大脑），无论如何，你每天都可以坚持练习。

在为领导力习惯公式编写技能练习的内容时，我和我的团队受玛拉的 5 分钟房间拯救概念的启发，专门创建了许多需 5 分钟就能完成的练习，以便日常上班忙碌的成年人相信，他们实际上可以做到这一点。

慢慢来

培养领导技能并将其转化为习惯，需要一定的时间和持续的练习，但这并不意味着这个过程必然是艰难的。事实恰恰相反：让你做到坚持练习的秘密就是，让它尽可能地简单——这正是领导力习惯公式致力于做的东西。

坚持练习最简单的方法，就是练习那些给你带来内在奖励的技能，想想特里斯坦·庞一个小时接一个小时地坚持学习，早在 11 岁之前就掌握了 13 年的数学课程。这些概念起初往往很难，但特里斯坦觉得学习这些东西是一种乐趣，他进入了"心流"状态，在这种状态下，连续数小时地学习反倒轻松愉快。要想了解哪种领导技能对你来说有内在奖励，可以参考下你的个性特征。做符合我们个性的行为让人觉得愉悦；练习领导技能也是如此，做我们自然而然会去做的事情感觉很好。

动机也是实现坚持练习的重要因素，因为即使是高回报的活动我们也得有动力去做。记住，不管你是在做什么，你的动机每天每时每刻都在变化。也请记住，完成任务所需的动机与任务的难度成正比，这意味着更困难的任务需要更多的动力，如果任务太难，你甚至都不会去尝试。为了尽可能降低动机阈值，领导者习惯的练习都设置得很简单，而且每次只聚焦一个微行为。

　　练习内容不仅简单，还很简短。无论你有多忙，你都可以每天抽出五分钟来做一个简单的练习。如果你能坚持每日进行简单的练习，你就可以养成新的领导技能。而如果你将这项技能坚持连续练习到足够的天数，这个技能就会变成一种习惯。就这么简单。

第四章

Chapter 4

从 5 分钟练习到全面的技能训练

当我的邻居萨布丽娜从狗窝里救出一只叫麦克斯的一岁金毛猎犬时，她无从得知自己将面对的是什么情形。麦克斯是萨布丽娜搬出父母家养的第一只狗，所以她竭尽所能地给狗狗提供了你能想象到的所有玩具来宠着它。麦克斯的宝贝物品包括一块橡胶骨头、尖叫鸡、棉绳、毛绒海狸、兔子、网球，等等。它十分喜欢它所有的玩具，但萨布丽娜很快发现了一个问题：麦克斯是个邋遢的室友。当萨布丽娜工作的时候，麦克斯会自己玩玩具，还把它们扔得到处都是。作为一只狗，它从不清理自己的玩具。

萨布丽娜受够了总是整理麦克斯的玩具的行为，于是她决定教这只狗自己收拾自己的烂摊子。萨布丽娜知道麦克斯很聪明，她知道狗被训练后能做出很多意想不到的事情，所以期待麦克斯能学会把玩具收好也不是不合理的。

萨布丽娜第一次要求麦克斯"清理"，她收到了一个拒绝的凝视。麦克斯以前从未听到过这个命令，所以它坐了下来。第二次它听到

"清理"的命令时，麦克斯又试着叫了一声，这并不是萨布丽娜想要的回应。麦克斯也渴望完成工作，但它不知道工作的具体内容是什么。

　　萨布丽娜没有放弃。她明白清理房间里到处散落的玩具是一项复杂的技能，涉及很多步骤。去"清理"，麦克斯必须先找到一个特定的物体（它的一个玩具，而不是萨布丽娜的一只鞋），然后走到它跟前，把它捡起来，带到收纳箱周边，然后把它扔进箱子里。然后麦克斯又得从头开始捡起另一个玩具，它必须重复这个过程，直到所有的玩具都被放进了收纳箱。萨布丽娜清楚，这不是麦克斯可以单纯通过一次次听"清理"的指令就能够学会的东西，这需要采取一种更为审慎的方式。她做了一些关于如何训练复杂技能的研究，并在视频网站YouTube上找到了驯狗师帕米拉·约翰逊（Pamela Johnson）的视频，然后她去学着训练麦克斯清理它自己的玩具。

　　麦克斯的"清理"训练计划由五项练习组成，萨布丽娜按顺序一次训练它练习一项。第一次练习训练麦克斯一个简单的行为——捡起和放下物品。萨布丽娜递给麦克斯一个玩具，麦克斯用嘴咬住，然后萨布丽娜等着麦克斯把玩具放到地上或她手里。每一次反应正确的时候，麦克斯都会得到一个奖励。几次重复之后，麦克斯掌握了窍门，很快他就可以在有命令要求的时候，不停地捡起和放下玩具了。这时萨布丽娜开始了第二项练习——捡起玩具并放到收纳箱。

　　对于第二项练习，麦克斯要练习将它的玩具捡起并放入收存玩具的塑料箱中。萨布丽娜在房间的一个角落里放置了一个空箱子，然后带麦克斯走到箱前。她递给麦克斯一个玩具，让它放下来。因为箱子就在那儿，麦克斯很容易就可以把玩具扔进箱子里。为了确保麦克斯能明白意图是让它将自己的玩具放入收纳箱，萨布丽娜也在收纳箱放了奖励物。麦克斯很快意识到如果它把玩具放到箱子里，就会得到奖励。不需太久，麦克斯就开始不断地把玩具扔进收纳箱了，现在是时候进行第三项练习了。

第三项练习加入了一个新的转折——现在麦克斯必须捡起玩具走过房间，再放到收纳箱里去。箱子还放在同一个角落里，萨布丽娜站在房间对面的一角，把玩具递给麦克斯。然后萨布丽娜走到收纳箱旁，麦克斯紧跟其后。当萨布丽娜让它把玩具扔下去时，麦克斯会预料到箱里有奖励。于是麦克斯学会了把一个玩具带过房间扔进收纳箱。

在第四项练习中，萨布丽娜在房间的不同位置都放了玩具，麦克斯的任务是捡起每个玩具，把它带到房间的另一头，然后扔进收纳箱。萨布丽娜会站在一个玩具旁边，让麦克斯把它捡起来之后放到箱子里。这时麦克斯知道箱子里有奖励等着它，所以它急切地捡起每一个玩具，然后穿过房间，就像它在之前的练习中学会的那样。麦克斯很快就明白了，它应该把所有不同的玩具都捡起来，然后把它们扔到箱里。

最后，在第五项练习中，萨布丽娜引入了"清理"命令作为启动麦克斯新行为的提示。麦克斯很快就会对这个提示做出反应，跑到它看到的第一个玩具前，捡起后接着放到箱里。一旦提示设定，训练就完整了。现在麦克斯会按照命令清理它自己的玩具了。

领导力技能是一系列微行为的链条

通过一系列简单的练习，萨布丽娜成功地教会了麦克斯一系列复杂行为，即便这对狗不是不太可能的事情，难度很高。萨布丽娜使用的技巧被称为链接，现在你应该将其视为领导习惯公式的关键部分。这种流行且有效的技巧被用于应用行为分析，用来教授动物、儿童和成人复杂的技能。链接原则简单直观：首先，将复杂行为分解为构成它的微观行为；然后分别练习每个微观行为；最后将各个微行为结合起来，共同构成复杂的技能。

　　无论你是否意识到，你今天掌握的许多复杂技能都是通过行为链接获得的。如果你曾经弹钢琴，回想一下你是如何学会一首新作品的。首先，你把曲子分成几个小部分。然后分别练习第一部分的右手和左手部分。一旦你可以单独演奏这些部分，你就把它们放在一起练习，直到你可以用双手演奏第一部分。然后每个部分都重复这个过程，直到你能演奏整首曲子。

　　或者回想一下学习一项运动的过程，比如网球。你没有一次学会所有的击球动作，因为那太难了。所以你先练习正手，再是反手，然后你学会发球，最后你在比赛中把所有的击球动作合在一起。甚至组装宜家家具或乐高玩具也是一种行为链接方式：你可以按照步骤说明将复杂的装配过程分解为一系列简单的微行为。

　　为什么链接是一种行之有效的技巧？因为正如我们从第二章中的跨大西洋潜艇航行模拟中学到的那样，简单的行为比复杂的行为更容易转变为习惯。分别学习每个微行为，然后将它们链接在一起，要比试图一次性学习整个复杂的微行为序列要容易得多。大多数人能直观地理解这一点，我们大多数人都使用链接的技巧成功学到了许多复杂技能，但是领导力发展计划的标准范式是期望学员立即获得复杂的领导技能。

　　在第二章我的研究中，我和我的团队确定了 22 种最常见的领导技能中所包含的微观行为。例如，我们发现那些能够妥善委派下属的领导者会有以下行为：（一）委托符合本人技能的项目；（二）在委派任务或者项目时，考虑人的利益关系；（三）他们确定了将要完成的内容，并让当事人知道要如何完成。为了培养良好的委派技能，你必须掌握所有这些行为并把它们变成习惯。当然，你可以试着一次把它们全部练习一遍，但这与我们所学到的、关于人们最有效地获得新技能和养成新习惯的方法背道而驰。这就如同是萨布丽娜试着一次性教给麦克斯"清理"玩具的所有步骤，或者试图一次性从头到尾学弹贝多芬的钢琴奏鸣曲全篇。

领导者习惯公式利用了链接的力量。构成领导技能的每个微行为都配有针对性的 5 分钟训练，你可以分别练习每个微行为，保持适当的练习量，直到它成为一种习惯。然后你继续进行下一个微行为的日常练习，依此类推，直到所有目标行为成为习惯。通过这种方式，你可以习得一个复杂技能，就比如由一系列微行为链构成的委托技能。这些简短的练习可以让你一次只专注于难题的一个部分，而不是同时学习复杂技能的所有组成部分，那显然是更艰巨的任务。

虽然行为链接简单有效，但它确实有一个缺点：它是一个线性过程，预设了每个微行为都必须一次练习和掌握一个，并且在你开始下一个技能之前，必须掌握特定技能的所有微行为。如果只有几项技能和微行为就能够塑造为一个更好的领导者的话，那这个缺点就不足为虑了，但要记住，这 22 种领导技能是由 79 种微行为构成的，我们平均需要 66 天的时间来练习每一种微行为。这需要十四年的练习才能把每一个领导技能的微行为都变成一种习惯。谁有那么多时间？即使你是世界上最专注、最积极的人，你也不可能掌握所有 22 项技能。我们需要的是一条捷径，加速你的领导力发展。

幸运的是，正如查尔斯·杜希格（Charles Duhigg）在他的畅销书《习惯的力量》中所讨论的那样，有这么一条捷径，当某一个习惯能引发行为变化的连锁反应，改变你生活的许多不同方面时，就会出现这种捷径。杜希格称之为关键习惯。

关键习惯的形成

当我第一次见到约翰的时候，他确信自己已经具备成为执行总裁所需的所有技能。他在管理岗位上干了好多年，都很成功，他对他的组织和所有人员都了如指掌。在他看来，晋升到最高管理层是理所当然的事。但实际情况并非那么简单。约翰，就像急诊室护士劳拉一样，有个坏习惯拖了他后腿，他并没有意识到这一点。如果他想成为一名高管，就必须做出重大改变，正是那时我开始和他一起工作。

约翰被他的同事和他手下的员工描述为专横和独裁，我很快意识到了原因。当人们向他提出有关项目、计划和任务的问题时，约翰总是对这些担忧轻描淡写或不屑一顾。无论是一对一的谈话、会议上，还是在家里，约翰对别人对他的计划持有异议似乎都不在乎。他希望每个人都相信他的判断，照他说的做，因为他是负责人。

结果，当约翰下达命令时，他的同事、朋友和家人开始变得怨恨他。大多数时候，他们会遵从他的要求，但他们并没有充分参与，因为他们觉得他要求他们做的事情与他们个人并没有利害关系。

约翰的专制行为打破了许多关键的领导技能。他无法有效地影响他人、克服抗拒、谈判协商或指导他们。如果他不改掉这个坏习惯，他就永远不会成为一个有效的领导者。

当我把领导力发展的概念解释为每天 5 分钟的简单练习时，约翰和急诊室护士劳拉一样持怀疑态度，但他同意一试。经过一番深思熟虑后，他决定进行一项练习，意在帮他养成询问别人所关心的事情的习惯。在有人表达了担忧或不满后，可以问一个有针对性的问题："是什么让你担心这个？"以此更好地理解这个人的立场。

起初，这个练习对约翰来说很不舒服。他无视或漠视他人的问题的习惯已根深蒂固，所以他不得不有意识地阻止自己这样做。但他发现他能够做到坚持练习，因为练习本身很简单（就是问一个问题），他只需要记住每天做一次，并且不需要花很长时间就能完成。果然，大约两个月后，约翰和他周围的人开始注意到他行为上的变化——他开始关注大家担心的问题，而且认真对待。这项简单练习练得越多，约翰就越是会注意到，当别人知道他们的担忧被听到时，他们的参与程度就越高。他自己的计划和想法遇到的抵触变得越来越少，他的员工对工作更加投入，对他也表现出更多的尊重，他发现自己在同业管理者中更有影响力了。很快他就主动地让人们分享自己的问题，而不是等着别人说出来。他的新习惯形成了。

约翰的新习惯带来的变化并不止于此。询问别人在担心什么问题，这个简单的行为助推了他其他领导技能的发展——那些技能他都还没有刻意练习过。不到一年，约翰被提升到高管职位。在升职后不久，约翰需要给他团队中一位表现不佳的新主管负面反馈。他对这种情况感到焦虑，因为过去他没能很好地处理传递负面反馈的事。但约翰很快发现这并不重要。当他与表现不佳的主管坐下来交谈时，他的新习惯自动占据了上风，他一改过去严厉、专制的方式，只是简单地陈述事实，然后问主管对自己的表现有什么担忧。

在他意识到之前，约翰已经与主管进行的正是一场有效的指导性谈话。这位主管分享了他在新工作中的经历，他对自己缺点的理解，以及他认为可以改进的地方——最重要的是，他想出了如何更有效地完成工作的好办法。约翰新习惯的效用拓展到了"影响他人"这项技能上——他现在在教导和指导方面也做得更好了，尽管他没有明确地练习这项技能。

对于约翰来说，他从"关心询问"这项练习中习得的行为成了他的关键习惯。一旦该习惯扎根，它就会蔓延并改变其他行为，继而促进其他领导技能的改善提升。约翰很快变得更善于影响他人，能够更好地克服抗拒，更妥当地谈判和指导他的员工。也同样是这些技能改善了他的友情和家庭关系。所有这一切都是因为一个 5 分钟练习为他创造的关键习惯。

从 5 分钟练习到彻底的转变

领导习惯公式可以帮助你学习任何新的领导习惯。但是，如果你先使用它来塑造一个关键习惯，那么这个公式会发挥最大的效用。如果你能养成一个关键习惯，它会有助于加速你的领导力培养进程。在确定哪些习惯可优先选为适合你自己的关键习惯时，领导力习惯公式有助于你更好地理解。

为何一个关键习惯能引起如此巨大而深远的变化？心理学家们已经发现了关键习惯运作的原理。首先，还记得那些总延迟完成作业的大学生们表现出的慢性拖延，以及那些没动力去尝试飓风游戏中最困难关卡的实验参与者所表现出的不情愿吗？学生拖延不做作业和游戏玩家不愿尝试最难一关，是因为他们不相信自己的能力，他们并不认为自己能做好被要求完成的任务。从心理学的角度来看，他们的自我效能感很低。当人们的自我效能感很低的时候，他们的动机也很低，他们通常会通过拖延或者完全放弃来避免去做他们认为自己做不到的事情。为了增加他们的动力，人们必须开始相信他们实际上能够做这些事情——必须使他们的自我效能感得到增加。

玛拉西利的 5 分钟房间救援术让人们停止拖延，开始清理房屋，它也确实做到了。把家务缩减到每天 5 分钟，人们开始相信他们能做到——毕竟，只是 5 分钟而已。更重要的是，在他们花了 5 分钟的时间进行清洁之后，人们意识到他们能在短时间内完成如此之多的事情，他们对自己的能力信心倍增。

同样地，在几次领导力习惯练习之后，约翰意识到他确实有能力做到这一点——他可以向人们问询他们挂念的问题，学会了去倾听和认可这些担忧。5 分钟练习使他每天都能获得"小胜利"，也激励他不断练习。很快，这个练习就不仅仅是让大家分享他们的问题了，这已经成为他建立自我效能的练习。每一次的练习，都让约翰对自己在影响他人方面的能力更有信心，这也让他更容易改变自己的其他的行为。

简单的"关心问询"练习成为了约翰的关键习惯，因为一方面他练习了公开行为——倾听和承认他人忧虑——同时也锻炼了他的意志力。每天，随着他新行为的不断重复，他的意志力越来越强。意识到自己确实可以做到增强了他的自我效能感，增强的自我效能感反过来又给了他继续发展其他领导技能的信心。这个简单的 5 分钟练习已经引发了巨大变化。

但这种改变本身并不会单独发生——习惯要演化为一种关键习惯有几个条件。

练习的地方有影响

1975 年，斯特灵大学（University of Stirling）的研究人员进行了一项更著名的心理学实验。在苏格兰港口城镇奥班附近，他们向潜水者播放了一列单词的录音，这些潜水者位于 10 英尺的水下。潜水员事先被要求试着记住他们听到的单词。当潜水员出水返回海滩时，研究人员测试了他们记忆单词的能力，记录了每个潜水员记住的单词数量。

对于第二组潜水员，研究人员准备了一个稍微不同的测试。在听完一列单词之后，这些潜水员被要求先游一段距离，潜水 20 英尺，然后回到原来的位置再尝试回忆单词。两种情景的重要区别在于，第二组是在水下进行记忆测试而非在沙滩上；他们被要求回忆单词的环境与他们学习这些单词的环境相同。

令人惊讶的是，潜水者在水下所回忆的单词比在陆地上要多。他们回忆所学知识的能力受到原本被要求记忆的地点的影响。当潜水员位于最初学习的环境中时，他们会记住更多的单词。一旦上岸，他们就不会记得那么多了。

对这种令人惊讶的效应的解释可以追溯到自动性，这也正是导致习惯形成的心理学原理。如你所知，我们的大脑会在我们意识不到的情况下自动处理信息，事实证明，这些信息中的一些会随着我们的记忆而无意识地存储起来。例如，你的大脑现在会自动分析你所处的空间，以及你阅读本书的空间。这个过程会自动发生，你无须关注，你的大脑会自动地储存信息，明天也依然会记得你读到这章的哪个地方。

作为本章记忆的一部分，你的大脑可以毫不费力地记住相关环境的不同提示。它是黑暗还是光明，温暖还是寒冷，安静还是吵闹？你是一个人还是和其他人一起？你听到了什么声音？你看到了什么颜色？所有这些信息都存储在这一刻的记忆中，当你发现自己处于类似的环境中时，所有这些提示都会促使你大脑中的记忆涌现，带向你的自觉意识，让人更容易回忆起来。

这就解释了为什么参与实验的潜水员在水下记住了更多的单词——他们听到这些单词的环境是相同的。当他们回到干燥的陆地上时，他们的大脑在无意识中储存的所有关于单词记忆的环境提示都消失了，所以他们很难记住这些单词。这种现象后来被称为情境效应，这就是为什么你很难记住你在课堂之外学到的概念。情境效应也是关键习惯的克星，因为它们可以限制某个习惯只在一个特定的情形下被触发，而这与需要发生的情况恰恰相反。

要使一个习惯成为你的关键习惯，它必须能够扩展到你生活的许多方面，这意味着它不能受制于情境效应中某一特定情形或环境的限制。例如，如果约翰的新习惯只发生在员工会议上，或仅仅在专业场合改变了他的行为，但一对一的谈话中，或在和他的朋友和家人一起时仍是老样子，那他询问问题的新习惯就没有什么转变性。

情境效果是信息自然处理的一部分，但有一种简单的方法可以克服它们：在许多不同的环境中做每天 5 分钟的练习。特别注意在你的办公室、家里、酒店房间、旅途的飞机上、笔记本电脑桌面上，在会议中，以及在餐桌旁与同事、朋友和家人一起时练习。

我想你已经明白了。通过改变你的 5 分钟练习的地点和对象，你正在对抗情境效应，提高你正在练习的行为的力量，从而帮助你成为一个更好的领导者——你正在增加这种行为成为你关键习惯的机会。

一个好习惯会传导引发另一个

在汽车制造商开始在大多数车辆上安装安全带警告之前，送比萨的司机很少会扣上安全带。为了让饥肠辘辘的顾客满意，他们争分夺秒，不断地进出驾驶室，所以系上安全带并不是司机的首要任务。事实上，比萨外卖业务以鲁莽驾驶而闻名。低安全带的使用率和高危驾驶行为对司机的健康构成了严重的威胁，对企业不利。

弗吉尼亚理工学院（Virginia Polytechnic Institute）的行为分析师设计了一项干预措施，以增加比萨外卖司机中安全带的使用行为。在与司机简短地讨论了安全带的好处后，他们在两家比萨店安装了卡扣的提醒标志。这些标志被用来充当习惯塑造过程中的线索。干预后，研究人员偷偷地观察司机，找了个战略位置，可清楚地看到两个比萨店旁边的停车场。

研究人员观察到的结果令人惊叹。干预后司机们不仅更频繁地系安全带，而且有些司机甚至开始更多地使用转向信号。即使使用转向灯不是干预的一部分，比萨店并没有提醒司机使用它们，对于一些司机来说，安全带干预引发了他们其他安全驾驶行为。这是怎么发生的？

答案可以从两种行为之间的关系中找到。如果我们将所有驾驶行为分成两组，一组代表安全驾驶行为，另一组是其他不安全行为，系上安全带和使用转向信号都属于安全组。尽管每个行为的具体动作是不同的，但在概念上它们是相关的。由于这两种行为是相互关联的，训练后的行为（系安全带）可能会无意识地影响驾驶员执行另一种相关行为（使用转向灯）。

注意，那些开始系安全带的司机并没有突然开始吃得更健康或者去健身房。这些健康行为属于不同的概念群体，因此养成使用安全带的新习惯不会以某种方式影响他们。这些发现让人们注意到了关键习惯的另一个重要方面：它们通常扩散到概念相关的行为中，而非在它们的领域之外。

在比萨外卖安全带干预之前的几十年，斯坦福大学的心理学家发现了一个心理学过程，解释了一个习惯如何影响另一个习惯。研究人员假扮成志愿者，在一个居民区挨家挨户地要求，让房主在自家门前的草坪上张贴一个超大的丑陋牌子，上面写着"小心驾驶"。这个要求是故意显得荒谬的，因为标志大到足以让人看不清背后的房子，因此绝大多数房主拒绝展示标志牌也就不足为奇了。

然而，有一组房主同意了研究人员的要求，并提供自家草坪的前面部分安装超大标志牌。这组房主曾于两周前被一个不同的研究人员以志愿者的身份访问过。这名研究人员也要求这群房主展示一个安全驾驶的标志，但要求极小，这个牌子只有三英寸高。该组中的大多数房主同意展示这个小牌子。他们不知道这个决定会对他们未来的行为产生多大的影响，他们当然也不会预料到两周后他们会同意在他们自家的前草坪上放置一个巨大的广告牌。

同意展示小牌子的房主也能同意这个巨大的广告牌的原因是，他们的初始承诺改变了他们对自己的看法——它改变了他们的自我形象。在同意展示小牌子之后，他们开始认为自己是安全驾驶的拥护者。一旦这成为他们如何看待自己的一部分，他们自然会同意其他与他们新的自我形象相符的行为迹象。同样地，那些开始系安全带的比萨外卖司机也开始认为自己是更安全的司机。当他们的自我形象改变时，他们的其他驾驶行为也随之改变。

永远不要低估一种行为的力量，不管它看起来多么渺小。当你开始 5 分钟领导力习惯练习时，你的新行为能变成一个关键习惯，让你改变一整套相关的行为。对约翰来说，一开始只是询问别人的问题，这也提高了他其他的领导技能。通过学习倾听和认可问题，他不仅能更好地影响他人，而且在克服对改变的抗拒、谈判协商、辅导和指导他人方面也有所进步。之所以这些技能得到改善，是因为它们在概念上与他正在练习的技能有关。他需要先听到为什么有人不愿意做出改变，然后才能克服他们对改变的抗拒，并说服个人接受新的行动方案。他需要给他的员工一个机会来表达他们的担忧疑虑和保留意见，然后才能有效地指导他们。

约翰的简单练习也改变了他的自我形象，通过有意识地、持续地练习这种行为，他开始把自己视为一个更好的"人民领袖"。这使得他的新习惯有可能引发连锁反应，并蔓延到其他领导技能。日复一日，积少成多，他的关键习惯帮助他改变了一系列相关的行为来与他的新自我形象相匹配，从而加速了他的领导力发展。

两组领导技能

快速领导发展的捷径就是找到你的"关键"习惯。一个新习惯能触发如此多的变化，好到让人难以置信，但请记住，习惯有能力影响的都是概念相关的行为。正如我们在比萨送货司机中看到的那样，为了让他们系安全带而设计的干预行为，使得一些司机开始自发地更多使用转向信号。重要的是，当考虑到"关键习惯"加速行为改变时，必须注意的是这些其他理想行为必须是与"关键习惯"相关的。

作为我的研究的一部分，我和我的团队测试了 22 种领导技能之间的关系，以确定最可能成为关键习惯的微行为。请记住，我们已经观察和分析了来自世界各地的近 800 位领导者的行为，并根据构成 22 种领导技能的许多微行为对他们进行了评价。在我们对这些评级的统计分析中，我们发现有些技能之间有更强烈的相关性。两种技能之间强烈的正相关意味着如果一个领导者拥有一项技能，那么他也更有可能拥有另一种技能——这两种技能的任何一个变成关键习惯，都会成为另一技能的必要条件。

接下来，我们使用因子分析来检查整个领导技能集之间的关系，看看某些技能是否与其他技能紧密相关。我们发现，领导技能集中在两个不同的群体中。我们把第一组叫作"完成任务"，第二组叫作"关注员工"。

任务导向型和以人为本导向型的领导行为之间的区别并不是新料。事实上，早在 1955 年，俄亥俄州立大学（Ohio State University）的研究人员就报道过这一点。他们发现，一些领导者专注于取得成果，而另一些领导者则更关心他们的员工。任务导向型的领导者倾向于为他们的团队建立架构、计划和组织工作、委派任务、监控员工的进展，并推动完成工作。人本导向型的领导者往往注重于支持和培养他们的员工，表现出对他们的关心和激励。

　　一旦你了解了两者的区别，你就会自然而然地想知道哪种类型更好。你可以通过专注于结果来完成更多工作吗？还是关注员工效果更好？这是大多数领导者在职业生涯中都会遇到的两难境地。许多人本能地选择任务导向型，因为很明显，如果你想要赶在截止日期前完成目标，你应该强调任务和结果。

　　事实证明，答案并不是那么简单。在对231项领导行为研究的回顾中，佛罗里达大学的研究人员发现，虽然任务导向和以人为本的领导行为都对团队产生了积极的影响，但关注员工的生产力实际上会比专注于结果的团队的生产力更高。研究人员还发现，只有以人为本的领导行为才能引发团队学习，当领导者只专注于取得成果时，他们的团队就不会学习。为了达到最好的结果，领导者需要同时具备这两种技能——有效的领导者必须在关注员工的同时完成任务。

你的关键习惯

　　这一切对你的关键习惯意味着什么？首先，要记住，一个关键习惯很可能会在领导技能集合中引发一系列的行为变化。例如，如果习得了任务导向型的技能，比如管理优先级，那么这个习惯很可能会扩展到相关的技能上，比如计划和组织工作、创造紧迫性、分析信息、做出正确的决定或者很好地委派任务，因为所有这些技能都专注于完成任务。但同样的习惯不太可能影响到人本导向型的行为，比如积极倾听，表示关怀，或者辅导和指导他人。

　　其次，请记住伟大的领导者在关注员工的同时致力于完成工作，他们拥有所有相关技能。根据不同情况，他们会自动地以他们的习惯性行为做出反应，有时会提供支持，有时会鞭笞反对。为了成为一个伟大的领导者，你也需要培养既能完成工作又能关注员工的技能，所以你可能需要建立至少两个关键的习惯，这有助于加速你在每个群体中的技能发展。我将在下一章详细讨论如何计划你的领导习惯练习，更多地讨论如何确定哪些练习最有可能塑造成为你的关键习惯。

第五章

Chapter 5

开始你的领导力习惯训练

既然你已经理解了领导者习惯公式，那么是时候开始你的领导者习惯训练了。

注意，我说的是训练。我选择这个词来提醒你，领导者习惯公式是通过刻意练习来获得和强化各技能的。这与通过针对特定的肌肉群来增强体力没有什么不同，如果你想成为一个更好的领导者，你就必须做针对特定领导技能的练习。仅仅阅读本书、学习技能和微行为是不够的。你必须制订一个训练计划来帮你培养你所需要的技能，并且练习足够长的时间，才能让你的新技能成为习惯。

但是从哪里开始呢？

有22种领导技能和79种不同的练习，每种练习都侧重于一种独有的微行为。有这么多选项可供选择，选出你的第一个练习可能会让你感觉茫然无措。别担心，成功养成习惯的关键是在你可以新掌握的技能和你自然具备的技能之间找到重叠。在这里，你将最容易且最快速地斩获进步——以及培养你的关键习惯。本章将帮助你

找出那些重叠的地方，这样你就可以让你的领导习惯有个最强有力
的开始。

明智地选择你的第一次练习

第一个领导习惯练习是最重要的，因为它有能力预设你整个领
导力培养训练的成败。如果你选择了正确的练习，你练习的行为将
转化成为一个关键习惯，继而该习惯引发一系列积极的行为变化，
提高你的自我效能，让你更容易坚持练习，帮助你更快地建立其他
技能。但是如果你选择了错误的练习，这个过程会让你感到困难而
不是轻松，你会很难坚持每天练习，最终则会放弃。放弃是成功的
领导力发展的对立面，所以让我们来看看你能从哪些方面来判断，
哪些练习最有潜力塑造你的关键习惯。

在我的工作中，我们花了相当多的时间来评估客户，了解他们
已经拥有什么样的领导习惯，哪些技能是他们会自然而然地拥有的，
哪些微行为最有可能打造他们的关键习惯。我们将客户放在一个虚
构公司的模拟业务场景中，让他们接触各种提示，并观察他们的反
应。例如，客户被要求为该虚构的公司制定愿景和做策略展示，我
们让他们以角色扮演的方式展现困难场景，比如指导表现不佳的员
工或安抚愤怒的客户。我们通过网络摄像头观察客户如何与现场真
人演员互动，以及他们如何回应来自虚拟同事的紧急电子邮件。所
有这些数据使我们能够精确衡量他们当前的领导技能，并确定哪些
技能需要更多练习。

在这些模拟中，我们研究了不同场景下每种领导行为的一致性

问题。我们改变了提示和反应的形式，以测试每个微行为是否受到环境影响，就好比潜水员无法在陆地上记住他们在水下学到的东西那样。例如，当一个领导者在会议上与他们交谈时，他可能会非常善于影响他人，但他在电子邮件中却很难发挥出同样的影响力。在这种情况下，当行为存在但尚不一致时，那这个被讨论的行为通常是客户的第一个领导力习惯练习的最佳对象。练习这种你已经在某情形下做过的行为，要比学习一种全新的行为容易得多。

　　在考虑客户最开始时最好选择哪项领导力习惯的练习时，我们还研究了客户的个性在多大程度上与 22 项领导技能中的每一项保持一致。如果一个人并没有表现出拥有某一项特定的技能，我们会通过观察相关的性格特征来了解她练习某项技能的容易程度。例如，如果一个客户做不到清晰交流，我们会观察他组织性方面的得分情况，以确定他能否更容易地发展这种技能。如果客户的组织能力不强，那么他在围绕关键点组织信息的微行为练习中不太可能会成功。这个练习不会让客户觉得自然，他也不会从这个练习中得到多少内在回报，这使得他很难继续练习。相反，我们会寻找一种与客户的个性特征相一致的技能，这对他来说更容易，也更令人满意。

　　模拟评估是识别潜在的关键习惯的有效方法，但我也知道，人们并不是总能利用这种方式来准备领导习惯训练。如果你没有机会做模拟评估，你仍然可以成功地选择恰当的练习来开始训练。

你擅长什么，什么对你自然可得，你就可以在哪里成长

　　没有模拟评估做指导，你最大的挑战将是正确地识别你需要练

习的领导技能。之所以出现这个挑战，是因为人们通常不知道自己真正的长处和短处。还记得劳拉和约翰没有意识到他们的坏习惯吗？他们都认为自己已经做好了承担更多领导责任的准备，但是他们的同事和上司并不认为他们是好领导，因为他们有明显的弱点，而这是劳拉和约翰自己没有意识到的。

　　新南威尔士大学（University of New South Wales）和悉尼大学（University of Sydney）的研究人员研究了我们对自己优缺点的看法与同事对我们的看法存在多大的不同。研究人员让澳大利亚一家大型服务公司的 63 名团队负责人对自己的 11 项领导技能进行评估，这些技能包括计划和组织、指导员工、制定决策、建立关系和关注客户等。然后，他们要求与这些团队领导者共事的其他人也针对同样的领导技能对他们进行评价。这些人包括团队领导者的老板、同事以及他们所监管的员工。

　　让他们惊讶的是，研究人员发现每个人的自我评价和其他人对这个人的领导能力的评价之间，没有任何关系——团队领导者和他们的同事对领导者的优缺点看法并不一致。这项研究的结果可能看起来令人沮丧，特别是当你试图建立你的领导习惯训练计划时。如果难以准确评估自己的优势和劣势，你如何知道你真正需要培养哪些技能，你又如何能明智地抉择第一次练习呢？

　　你会问别人的意见。

　　这是一个两步过程。首先，完成图 5-1 所示的问卷。这些问题突出了两大类领导技能之间的差异，即完成任务和专注于人，你可以将其用作初始过滤，以帮助你缩小第一次领导习惯练习的选择范围。你对这些问题的回答应该能帮你了解自己的领导力是更侧重任务型导向还是以人为本导向，这是你的自我评估基准。这可能正确，

也可能不正确，因为你并不是自己技能的最佳判断者，所以并不能
全然确定。（这就是为什么这是一个分两步走的过程。）

图 5-1 你的领导风格是什么？

以下问题突出了两大类领导技能，即完成工作和关注人员之间的差异。

描述你现在的样子，而不是你未来希望的样子。请诚实描述真实自我，没有正
确和错误的答案。

1. 你如何定位自己：

是为其他人计划活动的任务掌控者？　　　还是你周边人的支持者？

2. 你更有可能：

自己亲自做任务？　　　还是鼓励员工做？

3. 你发现自己更关心：

能否能实现结果？　　　还是与你的团队是否和谐共事？

4. 你更有可能：

明确谁应该做什么？　　　或认可人们迄今为止所取得的成就？

5. 更有可能：

为你的团队做决定？　　　授权他们主动自己决定？

如果你在左栏中画有三个或三个以上的选择，你认为自己更注
重完成任务。但是如果是在右栏中有至少画有三个选择，则你认为
自己更关注员工。这是你的自我评估基准。它可能是正确的，也可
能不正确——无论如何你都不能十分确定，因为你不是自己技能的
最佳评判者。这就是为什么你应该问至少两个非常了解你，而且你
又相信他们对你的判断的人来回答同样的问题。

这也就是第二步，即询问至少两位十分了解你且值得相信的人，
回答同样的问题。你问的人可以是朋友、同事或家人，只要他们能
经常观察到问卷中描述几种情形下你的行为即可。这些非正式的访

谈要单独进行，让你的访谈对象提前知道你的目的是什么，你需要确保他们是在一种放松舒适的氛围中给你反馈。在你提出要求之前，可以这样说："我想提高我的领导才能，不知是否可以问几个关于你如何看待我在不同情形下的表现的问题？希望你能给我真实的反馈。"

在非正式访谈期间，先提出问题，然后写下答案，以便日后查看。对你听到的内容不要争辩，或以任何方式回应。当我们收到评价反馈时，很自然会变得情绪化——特别是反馈与我们看待自己的方式截然相反的时候。我们在情绪化时无法清晰地思考，所以最好是在访谈过程中专注记录反馈，然后等你情绪过去，头脑清晰时再处理信息。

当你在回顾所有访谈对象的反馈时，你可能会在每个问题的回答中看到一致的模式，看出是更倾向于任务导向型的领导还是人本导向型的领导方式。这就是其他人对你领导风格的看法。如果反馈符合你的自我评估基准，那很好。但是如果与收到的反馈不一致，我建议你更多地重视参考他人反馈。

现在你知道了哪种技能类别自己更倾心，是更注重完成任务还是关注员工。我提一个看似违反直觉的建议：从你技能类别的对立面，开始你的领导习惯训练。真的。

如果你倾向于成为一个任务导向型领导，那么你在任务型领导技能上很可能更擅长，因此如果你一开始培养人本型的技能，你将有更多快速提升的机会，只要这些技能与你的个性大体相符。反过来，同样的道理也适用于人本型的领导者。

在你在思考这个问题的时候，不要忽视之前的告诫，要选择与你个性相符的技能。你的第一次练习必须是对你来说自然容易的一种行为，并且你本能地喜欢做，所以它需要与你的个性特征相一致。如果你还没有这样做，请返回第三章完成图 3-1 中的练习，或者在 www.leaderhabit.com 上进行领导习惯测验，了解你对领导习惯公式中引入的六种人格特质的得分情况。（如果你参加免费在线测试，你也会获得一个前 22 项领导技能的排序，基于这些技能与你的性格相一致的程度。）它可以帮助你确认你的潜在关键习惯，是一个很有价值的工具。对于选择正确的方式来开始你的领导习惯训练来说，了解自己的个性特征至关重要。

在这一点上，你应该很清楚你更倾向于哪一种技能类别（注重完成任务或专注于人）更强，你应该了解你的性格特质。如果你遵循我的建议，那作为开始你的领导习惯训练的最好的练习始自你较弱的技能类别，并且要与你的个性特征保持一致。所以，如果你是任务掌控者，你就要探索那些专注于人的技能，这些技能也要与你的个性相匹配。为了帮你理解，在第三部分领导技能和练习的目录中，对影响每个领导技能的个性特征给出了描述。根据你的个性特征，你可以从多种技能中进行选择。一般来说，如果你在关怀心和外向性格方面得分很高，你可能会喜欢专注于人的领导技能，如果你在组织性和抱负心方面得分很高，你可能会喜欢任务导向型的领导技能。

当然也存在这种可能，就是你独有的个性特征组合与我的建议背道而驰。比如，你可能是注重任务完成的掌控者，在关怀心和外向性格的方面得分低，这意味着以人为本的技能对你来说并不会自然轻松习得。按照我给的建议，你的第一次练习应该是针对一项以人为本的技能，但你的性格特征所暗示的却恰恰相反。这不是问题。请记住，关于你的第一次领导习惯练习，最重要的是选择一个可能成为关键习惯的练习。这意味着你必须喜欢做这件事，并且它必须有助于建立你的自我效能感——你需要先尝到几个胜利的甜头，让你坚信你能使用领导习惯公式获得成功。

一开始选择一项与你个性不符的练习会比较困难，因为它不会让你感到轻松或自然，也不能建立你的自我效能，它不太可能成为一个关键习惯。因此，即便我的建议是从以人为本的技能开始训练，但这些技能如果与你的个性特征大相径庭，那么就相信你的个性，转而选择任务导向型技能开始你的练习。是的，你可能对其中的一些技能已经颇为擅长了，但是在习惯培养的早期阶段，塑造一个关键习惯和建立自我效能，要比你完善自己的弱项技能更重要。一旦你在初期阶段取得了几次成功，并对自己的成长进步能力有了信心，你就可以转向那些感觉不那么自然、需要更多努力去练习的技能。

是时候选择你的第一个领导习惯练习了。可以花点时间来查看第三部分中的相应类别。找到最适合你个性的技能集，并回顾每个微行为和其相应的练习。问问自己哪项练习看起来最容易开始着手。无论哪一项脱颖而出，把它写下来放在手边。这项练习就是你领导力发展训练的开始。

如果到目前为止你都按照我的指示去做了，但仍然不知如何选择你的第一个练习，不要沮丧，有时候即使有反馈，你也很难知道具体该从哪种领导技能开始。按类别缩小技能范围之后，你仍然需要从数十种练习中做出选择。你可能会随意从技能列表中选一项，然后期望它会是最合适的，不要这样做——胡乱猜测倒不如做个胜算最大的尝试。根据我的团队对整套领导技能进行的统计分析，我们确定了每个类别中与其各自领域中其他技能最密切相关的前三项技能，它们列在图 5-2 中。如有疑问，请从其中一个开始。

图 5-2　最可能的关键习惯	
完成任务	**专注于人**
与所有任务导向型行为最密切相关的三种领导技能是：	与所有人本导向型行为最密切相关的三种领导技能是：
1. 创造紧迫感 2. 管理优先级 3. 计划和组织工作	1. 影响他人 2. 克服个体阻力 3. 指导和辅导

避免个人发展计划的陷阱

在你准备你的领导习惯训练时，要注意的是，不要陷入个人发展计划的陷阱。世界上许多组织使用发展计划来记录员工的发展目标，详细列出了他们需要改进的技能和应该进行的学习活动。从理论上讲，这是一项值得尊敬的尝试，但在实践中，在大多数组织中，发展计划已成为另一种耗费时间和精力而又不会产生预期结果的官僚行为。事实上，荷兰马斯特里赫特大学（Maastricht University）的研究人员发现，在 2271 名员工中，使用发展计划的员工并没打算比非用户参与更多的学习活动，他们也不认为自己拥有比非用户更强的技能。拥有发展计划的员工唯一擅长的就是制订发展计划。

发展计划失败的原因有很多。结合领导习惯公式的背景，有两个特别值得注意。首先，发展计划往往过于庞大。受到"越多越好"这一谬误的驱使，员工和经理们在他们的计划中塞满了太多的学习活动，并没有考虑这些活动所需要的时间。单独看每一个活动似乎都是合理的，但在繁忙的工作日，很难抽出时间去读书、上课或练习一项复杂的技能。因此，员工很难朝着他们的发展目标取得有意义的进步，很快这些目标就会让人觉得难以实现，或者不可能实现。我们已经看到，当人们不相信自己能做某事时——他们会拖延或放弃。

个人发展计划失败的第二个原因我们已经谈过，事实上，这也是大多数培训和领导力发展项目失败的原因——他们更专注于知识的获取而不是对技能和习惯的习得。一旦有人提及"学习活动"，我们就又会回到最开始的"读本书或上节课"。初衷是好的，但是正如我们所看到的，我们熟悉的知识型教学方法和工具在技能培养方面没有效果，只能通过练习我们想学的技能所涵盖的行为来实现。无论你阅读了多少关于音乐理论的书籍，或者你听了多少讲座，那些配有精美讲义和熟练使用 PPT 展示的讲座中，讲解人正确地讲述钢琴弹奏技巧——但如果不实际演奏钢琴，你永远无法学会如何弹奏。同样，你可以阅读所有你想要的关于影响力、授权和指导的书籍，但除非你开始练习这些技能，否则在这些方面你不会得到提升。

如果你想让你的领导力培养训练成功，不要浪费时间去制订一个庞大的、压力重重的发展计划——只需开始你的第一个领导者习惯练习即可。你的自我效能提高后，尽管工作和家庭中不可避免会分心，但你开始相信你可以培养你的领导技能，这时你可以考虑制订一个长期计划。现在，专注于将你的第一个练习转变为一个关键习惯，其余的自然会随之而来。

了解领导习惯练习

在你开始训练之前，多了解一下有关领导习惯练习的背景知识是有帮助的。您已经知道这些练习设计简单，任何练习都不需要超过 5 分钟就能完成。每个练习的基本框架始终相同：提示和行为——这里的行为是指你对提示的反应——是一一对应的。这些练习的不同之处在于执行时间不同，以及它们所对应的提示不同。

有三种不同类型的练习：准备练习、即时练习和反思练习。正如你可以从名称中猜测的那样，每种类型都可以通过情况发生的时间来区分。

准备练习是你为某一特定事件，比如会议或演讲前所做的最佳努力，因为影响他人技能的微行为之一就是预测其他人对新想法、新计划和新提议的反应。根据定义来看，预测本身就是你事先会做的事情，所以这种微行为非常适合作为准备练习。例如，在参加会议之前，你可以写下一句话，描述你认为你将要与之会面的人会对你们计划讨论的主题做出怎样的反应。注意这个练习多么简单具体，它要求你写下一些东西，并确切地指定要写什么。

当微行为在本质上更具有认知能力时，准备练习就能很好地发挥作用——这涉及新思维模式的学习。在前面的例子中，行为就是预测对计划的一个反应。为了使预测过程更加详细具体，该练习要求你写下一句话。这是许多认知任务练习的常见部分。写下一个你认为有用的方法来组织你的思想，它会从一个抽象的过程中产生有形的结果。

即时练习是在合适的情况出现时进行的练习。即时练习几乎总是涉及与他人的互动，陈述或提出问题。例如，为了练习克服个体抗拒，你可以集中精力找到两个一致的地方，一发现就立马总结："在我看来，我们在……是一致的，对吗？"

劳拉提出的以"什么"或"如何"开头的开放式问题，是即时练习的另一个例子。

　　事件发生后进行的练习是反思练习。与准备练习类似的反思练习，最适合认知任务。例如，利用共同的兴趣和达成一致的领域来建立融洽的关系，是建立战略关系这一技能的一种微行为。这个微行为练习是在一次会议或谈话结束后进行的，包括思考你和此人的两个相同点，这样你就可以在下一次的互动中提到这些共同之处。为了使反思更具体化，你需要把这两件事写下来。

　　正如第二章中所讨论的，领导者的习惯练习与自然暗示搭配出现——事件嵌入在你正在练习的微行为的相同情境中。自然提示比人工提示更好。举个例子，当你学习在不同情形中应用你的新行为时，计算机上的便利贴或手机上的闹钟始终存在。但如果，便签从你的电脑上掉下来，或者你忘记设置闹钟，没有了这些提示你的新行为将很有可能消失。但是，如果对你正在进行的对话进行思考的提示，是对话本身的结束呢？这对所有的谈话都是通用的，你永远都不用担心你会因提示消失，就"丢掉"了你的习惯。

　　幸运的是，这个世界充满了自然提示。最好的自然提示通常是特定事件或任务的结束。回想一下影响他人的一个练习：在开会前，你可以写一个句子描述你认为你将要见到的人会对你计划讨论的话题有什么反应。

　　这个练习内置了一个自然提示：在参加会议之前。但是这个内置提示并不理想，因为很难将它转换成特定的时间。如果会议在上午 10 点开始，您是应该在会议前 5 分钟练习呢，还是 10 分钟，还是提前一小时？因为该提示模糊不清，所以很难识别和记忆。我们需要一些更具体的东西，最好是一个与我们正在练习情境的相关事件的结尾作为提示——在这种情况下，这个行为通常在参加会议之前开始，又有一个清晰、具体的结尾。有这样的行为吗？是的。根据我们的观察结果，大多数人会查看他们的日历——他们会查找他们会见人的名字、会议地点或会议电话号码。因此，这个练习的一个更好的自然提示是：在你检查下一个会议的日程安排之后——这就是第三部分中的练习。（"事后"提示更容易与反思练习配对，因为反思练习本身是在事件之后发生的。）

有些提示本质上是认知的——它们无法被其他人观察到，并以决策、领悟或思想的形式出现在你的脑海中。这些类型的提示能引发一些即时练习，例如，在协商结束时要求就后续步骤达成一致。要为该练习确定一个自然提示，需要弄清楚在讨论期间的什么时候做这种行为比较合适，比如具体是在什么特定事件或任务之后。事实是，对大部分领导者来说，他们意识到讨论即将结束时会开始这个行为。所以提示本身就是：当你意识到讨论即将结束时。认知提示最常用于即时练习，因为这些练习必须在特定事件期间进行。

当你开始练习时，行为与其配对的提示之间的联结很可能不存在。这是正常的。记住，你正在通过有意识的练习在你的大脑中建立提示—行为之间的联结。每次你完成一个练习，相关的神经连接就会得到加强。有了足够的练习，你就能从生疏到熟练，再到精通，最后形成习惯。

跟踪你的练习

既然你现在已经确定了你的第一个领导习惯练习，你所要做的就是每天练习 5 分钟直到它成为一种习惯。回忆下第二章，平均需要 66 天的练习才能把一种行为变为习惯。为了达到最好的效果，建议你跟踪自己的进度，因为这样被证明可以更好地实现目标。

也许你认识这种人，他们对计步器着迷，每天都为自己的步数计数。这个假设很简单：如果你跟踪自己的步数，你更有可能减掉体重。但这是真的吗？

英国联合利华公司的研究人员设计了一个实验来测试这个问题。他们将 77 名成年人随机分为两组。两组受试者都收到了一款佩戴腕带的设备来监控他们的活动水平，但只有一组能够以智能手机应用程序的形式进行实时跟踪。九周后，研究人员观察了每组在此期间记录的身体活动量，并测量了参与者身体脂肪的变化。

能够访问智能手机应用程序的小组（并且因此能够跟踪他们的进度）在身体活动和体脂变化方面比对照组好得多。跟踪组的平均运动量比对照组多了 2 小时 18 分钟（后者无法使用手机应用程序，也无法跟踪自己的进展）。此外，跟踪组的人比对照组的人减掉了更多的体重——平均是他们体脂肪的 2%。

就领导习惯练习而言，如果记录下练习时间，你就更有可能做到坚持练习。有很多跟踪方式可选择。你可以用你的日历（纸质或电子版）来标记你练习的日子。你可以在你的智能手机或电脑上设置一个连续的任务，持续 66 天。或者，您可以将练习结果输入到 **Streaks** 或 **Habit List** 等习惯跟踪应用程序中。方法只是方法，保持跟踪进展更重要。每天记录练习也是你正进行的领导力发展训练的另一个小胜利。这些小小的胜利就像完成练习本身所取得的成功一样，每一次的小胜利都会进一步提高你的自我效能，使你更容易坚持练习。

最后，最关键的是练习。如果你买这本书认为你可以通过阅读来提高你的领导能力，我很抱歉会让你失望。除非你将这些概念付诸实践，否则阅读本书不会让你成为更好的领导者。所以，选择你的第一个领导习惯练习，确定一个跟踪进度的流程，就在今天抽出5分钟开始练习。把第三部分的练习应用到日常工作和个人生活中，不仅能提高你的领导能力，还能教你以一种更有效的方式来改变你的生活，成为你一直想要成为的人——一位拥有伟大的习惯优秀领导者。

第三部分

技能发展练习

领导力习惯练习

在这里，你将找到我的团队和我在研究中确定的核心领导技能的领导习惯目录，以及我们为各项技能创建的 5 分钟练习。本目录旨在用作计划和执行领导习惯训练的参考。每项技能包括：

△技能的定义及其特定微行为的分解。

△简要说明技能对于有效领导的重要性，以及它如何影响你实现共同业务目标和战略的能力。

△有一系列迹象表明你会从技能改善中受益。

△关于性格特征的描述要与技能相一致，有助于让特定类型的人发现对应技能的内在价值。

△ 5 分钟练习通过将微行为转化为习惯来帮助你发展技能。

关于如何选择你的第一个领导习惯练习的指导，请参阅第五章：开始你的领导习惯训练。

第六章

Chapter 6

完成任务

以任务为导向的领导技能就是关于完成任务的。具备这些技能的领导者能够有效地让员工和团队保持正轨，推动实现高绩效，并帮助实现组织目标。他们倾向于为他们的团队先建立架构，做好计划和组织工作，委派好任务，监控进度，并确保人们完成工作。我和我的研究团队确定了 11 种以任务为导向的领导技能，根据这些技能在概念上的相互关系将它们分为三类。任务导向型的三个类别是：计划和执行，解决问题和决策，领导变革。

计划和执行

计划和执行是一套注重主动识别需完成工作的领导技能，识别后将工作分解成项目、任务和作业并做好委派，并随时间进度跟踪和监控。这些都是基本的管理技能，在一些需要领导力的情形中尤为重要，比如在需要实施新战略、用现有战略调整团队、改进产品和服务、增强问责制、实施新系统和流程以及提高运营效率等。有四种领导技能在此类别中：管理优先级、计划和组织工作、妥善委派任务、创造紧迫性。

技能1：管理优先级 >>

管理优先级意味着确定哪些任务是最重要的，并分配适当的时间来完成它们。在我们的研究中，我们发现了高效领导者管理优先级的几种微行为：

1. 把大项目分解成更微小的任务和作业，要清晰、具体、可执行，这样每个人都知道该做什么。

2. 分为更重要和不那么重要的任务，例如，确定哪些任务需要马上完成，哪些可以等到明天。

3. 查看每项任务和作业，并估计完成任务所需的时间，估计时要考虑现实情况，且可实现轻松完成任务。

4. 以可靠、合乎逻辑的基本原则和基本优先顺序为基础，以便每个人都能理解为什么特定任务比其他任务更重要。

为什么该技能对领导力很重要

你可能会觉得每天工作时长内总有做不完的工作，这就是为什么要分清轻重缓急的重要性。通过优先排序，你可以集中精力完成最重要的任务和项目。如果没有明确的优先事项，你将很难完成任何事情，因为每件事看起来都同样重要，你不知道如何最有效地利用你的时间和精力。同样，当你的团队没有明确清晰的优先级时，单个成员将很难有效地协调他们的工作，他们将会被接踵而至的所有工作压得喘不过气来，而整个团队通常也对需要完成的工作缺乏了解。

在工作中，良好地管理优先级对于实施新战略，或使团队与现有战略保持一致至关重要。任何战略的实施都涉及将抽象战略转化为人员和团队执行的具体、可操作的步骤。如果你不能很容易地将战略分解为更小的任务或无法确定此类任务的优先级，那么你将很难让团队活动、资源与组织的计划目标保持一致。当你需要负责改进产品和服务时，同样的情况也会发生，因为这些计划也依赖于你管理优先级的能力。

有以下行为迹象则说明你需要提高该项技能：

→如果你觉得被太多优先等级相似的事项压得喘不过气来。

→如果你认为每一项任务都同样重要。

→如果你不能很好地管理你的时间，并因此错过最后期限。

→如果你做不到对别人说"不"，并且经常承担太多工作。

技能与性格特征相一致

如果你在组织性方面得分高，在好奇心方面得分低，你可能会发现管理优先事项对你具有内在奖励。如果你是高度有组织的，那么你可能有条理、系统、勤奋，喜欢计划。如果你好奇心方面得分低，你可能是一个更实际、更具体、更线性的思考者，你倾向于明智和务实。

如果你有以上性格特质，你可能会从一些行为中获得满足感，比如把大项目分解成清晰、具体的步骤；识别较小的任务；决定哪些任务比其他任务更重要；估算一个任务需要多长时间。

5 分钟领导习惯练习

以下练习将提高你管理优先级的能力：

📝 把项目分解成若干任务

虽然你可能不会每天都开始一个新项目，但是你可以养成这样的习惯，用这个练习把你每天的任务分解成更小的行动项：从待办事项列表中选择任务后，请写下完成任务所需执行的两三项操作。例如，如果你今天的任务之一是做一个 PPT 展示，你的两个行动项可以是创建幻灯片，然后写演讲稿。

📝 把你的任务分成关键任务和非关键任务

通过这个简单的练习，你可以养成这样的习惯：当你在办公桌前坐下开始一天的工作之后，就写下你当天必须要完成的两三个最重要的任务。当然，你应该在处理其他事之前先完成这些任务。

📝 适当地分配时间来完成你的工作

　　这种微行为要求你精确地估计完成一项给定任务所需的时间。如果没有准确的时间估计，就很难做好计划并按时完成。要把该行为转变为一种习惯可利用以下练习：在你的任务列表中添加任务之后，写下你认为完成任务所需的时间。例如，你可能估计需要花30分钟才能起草一封电子邮件，通知你的团队有关新客户项目的信息。

📝 清楚为什么要将某些事设为优先事项

　　在确定项目或任务的优先级时，要让你自己和团队中的其他人清楚地知道你这么决定的理由。使用以下练习，每天练习这个微行为：在描述项目时（在电子邮件或对话中），简要解释为什么优先考虑，"这是一个优先事项，因为……例如，你可能会优先考虑某项目，因为它关系到你们最大的客户。"

技能2：计划和组织工作 〉〉

　　计划和组织工作意味着确定完成既定目标所需的资源，并计划安排谁将在何时做什么。在我们的研究中，我们发现了高效领导者在计划和组织工作时有以下微行为：

　　1. 创建一个主项目计划，指定谁将在何时做什么。
　　2. 确定计划每个阶段所需的资源，无论是人员、资金还是材料。

3. 创造性地思考如何利用现有资源控制预算。

4. 构建系统来跟踪单个贡献者和团队的进度，通常是以度量指标和定期检查的形式。

为什么该技能对领导力很重要

作为一个领导者，完美地执行一个项目需要很强的计划和组织能力。清楚地了解谁将做什么以及他们完成工作所需要的资源，对你的成功至关重要。规划和组织能够有效地协调多人的工作，并有助于确保每个人都清楚他们被期望完成的任务。

在工作中，如果你想在团队中建立责任制以提高公司的运营效率，那么计划和组织能力至关重要。在分配好明确的任务和截止日期时，你应确保员工知悉其工作范围和时间表。当你用指标度量和定期检查来跟踪员工的进展时，你给每个员工都灌输了一种个人责任感。同样，当你有一个清晰的计划时，你可以更好地协调你的员工和团队的工作，从而避免由于协调失误而造成的不必要的生产力损失。

有以下行为迹象则说明你需要提高该项技能：

→如果你在最后一分钟才仓促地把工作做完的话。

→如果你常在重要会议前的晚上临时抱佛脚的话。

→如果你的团队成员对该做什么感到困惑，且他们也并未按时完成任务。

　　→如果你的团队缺乏责任感。

　　→如果你的工作缺乏组织和清晰的框架。

　　→如果你觉得从未有过足够的资源来实现你的目标。

技能与性格特征相一致

　　如果你在组织性和抱负心方面得分高，你可能会认为计划和组织行为具有内在回报。如果你在组织性方面分值高，你可能是有条理的、系统的、勤奋的一个人。如果你在抱负心方面分值高，你可能自信而果断，喜欢做规划，主动为将来做打算。如果你有这两种性格特征，你可能会从以下行为中获得满足感，比如将项目计划整合到一起、确定需要的资源，以及使用度量指标来跟踪进度。

5 分钟领导习惯练习

　　下面的练习将提高你计划和组织工作的能力。

创建一个项目计划

　　虽然你不可能每天都制订一个完整的项目计划，但你可以利用这个练习来养成确定任务和设定最后期限的习惯：在和同事讨论一个项目或任务之后，在截止日期前确定一个行动项，"你具体要做什么，什么时候完成？"把它写下来。例如，你的同事承诺在 9 月 20 日之前起草一份新的产品手册。

确定你所需的资源

这种微行为需要考虑完成任务所需的人或事。使用以下练习将其变成一种习惯：在开始一项任务之后，写下完成任务所需的两三种资源（人、资金、材料）。例如，如果你的任务是为新客户准备合同，则需要法律团队的一员、合同模板和你的电脑。

创造性地使用可用的资源

通过练习要养成创造性地思考使用已有资源的习惯，而不是把钱浪费在你认为需要的资源上。当你意识到你需要的某个资源目前没有时，先问问自己："我如何使用我已经拥有的东西来达到同样的效果？"写下你的答案。例如，你可以在网上快速搜下如何在 Excel 中创建数据透视表，而无须致电 IT 服务台求助。

利用度量指标跟踪进度

养成在工作日结束时，用以下练习来跟踪自己进度的习惯：完成当天的最后一项任务后，检查你的待办事项列表，写下你完成的每项任务的百分比。例如，可能你的团队会议议程已经完成 50%，部门预算完成了 25%。

技能 3：妥善委派任务 〉〉

妥当委派意味着所分配的项目要有一个明确的开始和结束，而且要与被委派人的技能和兴趣相符合。在我们的研究中，我们发现了高效领导者在委派工作时有如下微行为：

1. 考虑被委派项目人员的技能水平，以确定他或她是否有能力成功地完成项目。

2. 考虑对方的兴趣，以确保他 / 她会喜欢参与这个项目。

3. 确定需要完成的事情，但要让对方弄清楚如何完成它。

为什么该技能对领导力很重要

要想成为一名成功的领导者，你必须接受你不能事事都亲力亲为，要学着通过委派他人交由别人完成工作。如果你分配任务得当，你会使你的团队更快地实现目标，产生更好的成果，并且完成远比你一个人能完成的更多的事情，不论你是多么地优秀和高效。你的团队成员会觉得他们的项目是属于他们自己的，他们不会觉得你在对他们进行微观管理。

在工作中，如果你做不到恰当委派任务，你将很难留住你的员工并让他们参与其中，你团队的生产力将会受挫。在一个极端情况下，你可能会把所有的项目都囤积给自己，这种情况就产生了瓶颈，因为其他人不得不翘首以待你的消息，而你却被太多的工作压得喘不过气来。另一个极端情况是，你可能太急于把项目从你手中转手，导致被交付的员工茫然不知所措，因为他们还没有能力完成你交给他们的工作。那些事无巨细地对项目微观管理，抑或是直接将项目委派给不熟练或不感兴趣的员工的领导者都很难一起共事。在这些情况下，员工往往会变得参与度极低，然后放弃。

有以下行为迹象则说明你需要提高该项技能：

→如果你不相信别人能做得和你一样好。

→如果你被太多的项目压得喘不过气来。

→如果你会检查你们团队的每一项交付成果。

→如果你委派的项目远超出了被委派人的水平，他们艰难接受。

→如果你把项目委派给那些并不真正喜欢该项目的人。

技能与性格特征相一致

如果你在关怀心方面得分高，但在组织性方面得分低，你可能会发现委派行为对你具有内在奖励。关怀心方面分值高，那你很可能有洞察力，善解人意，还易于合作，你可能喜欢在工作中赋予他人权力并支持他们的努力。如果你在组织性方面分值低，你可能会更灵活，对不确定性有更多的包容度。（相比之下，组织性方面分值过高的人可能刻板僵化、控制欲强、完美主义，以及厌恶风险——这些往往会导致该领导者喜欢事事插手地微观管理或拒绝委派授权。）如果领导者关怀心高，组织性差，可能会从以下几项获得满足感：确定该人是否具有完成项目的正确技能，在决定委派时考虑该人的兴趣，以及让该人明白如何完成该项目。

5 分钟的领导者习惯练习

以下练习将提高你的委派能力。

📑 项目要与技能相匹配

如果你所委派之人的水平并不能熟练成功完成这个项目，他可能会因不堪重负而失败。如果此人水平太过娴熟，他又会感到无聊，变得心不在焉。有效的授权是在给某人极多挑战和极不充分的挑战之间找到适当的平衡。通过以下练习，你可以收获将项目分配给具有适当技能人员的好习惯。在决定将一个项目分配给一个特定的人之后，写下完成这项工作所需的最重要的两个技能，并按照 1 ~ 5 的等级评估这个人目前在这些领域的技能水平。例如，组织一个营销活动需要规划和沟通两种技能，那么这个人可能是规划能力 3 分，沟通能力 4 分。

📑 分配项目要与个人兴趣匹配

如果你委派的那个人对这个项目不感兴趣，他们就不会有动力去完成它。想要养成将项目任务分配给感兴趣的人的习惯，可以尝试以下练习：首先描述你所想要委托的项目，然后询问"这是否会是你感兴趣的事情"来测试这个人感兴趣的程度。写下对方的回应。如果你的目标对象不感兴趣，找一个可能更合适的人员。

📑 告知问题"是什么"，而不是"如何做"

这种微行为与微观管理恰恰相反。通过这个练习养成让别人决定如何做他们自己的工作的习惯，在决定把一个项目委派给特定的某人之后，可以说："我希望你弄清楚如何做（这件事）。"通过提问"你觉得你会怎么做"写下对方的答案。例如，你可以说："我希望你去了解，如何收集客户反馈。你觉得你会怎么做？"确保只指定最终目标——可交付成果。

技能 4：创造紧迫感 >>

创造紧迫感意味着制订大胆无畏、雄心勃勃的目标，并为团队施加压力以实现目标。在我们的研究中，我们发现了高效领导者在创造紧迫感时所做的微行为：

1. 为自己和他人制订宏伟大胆的目标，确保这些目标具有可实现性，但要为每个人提供一个舒适的缓冲区。

2. 给项目设定具体的最后期限，并不断强调实现这些成果的重要性。

3. 在演讲和邮件中，用"关键的"和"极其重要的"这样的高强度词汇来表达项目和任务的紧迫性。

为什么该技能对领导力很重要

创造紧迫感是推动个人和团队交付成果的有效方法。如果没有紧迫感，你的队友们就不会催促自己努力工作，他们可能会拖延，最后挣扎着按时完成任务和项目。当人们缺乏紧迫感的时候，他们就更容易被日常干扰所分心，最终会把时间浪费在不重要的事情上。

在工作中，你希望在团队中或整个组织中创建高性能文化氛围时，你需要创造紧迫感。紧迫感可以提高工作效率，并使你的员工与你的目标保持一致。当你的团队成员被挑战去实现更宏大的目标时，他们的技能会发展得更快。感到紧迫感的团队可以获得卓越的业绩。

有以下行为迹象则说明你需要提高该项技能：

→如果你的团队经常错过最后期限。

→如果你的员工因不重要的细节而分心。

→如果你对取得最后结果态度懒散。

→如果你害怕更大、更雄心勃勃的目标。

→如果你的员工经常拖延。

技能与性格特征相一致

如果你在抱负心方面得分很高，你可能会发现创造紧迫感会给你带来内在奖励。如果在抱负心上分值高，你很有可能更有动力去实现目标，通常还是整个房间最勇敢的人。你可能自信、果断、精力充沛、有说服力和影响力，喜欢不断推进增长和启动新项目。如果是这样的个性特征，你可能会从以下这些行为中获得满足感，比如确立大胆无畏的目标，设定具体的截止日期，以及使用高强度的词汇。

5 分钟领导习惯练习

下面的练习将有助于增强你创造紧迫感的能力。

设定大胆的目标

如果你想避开过于大胆的目标，那就通过以下练习让每天的小目标一点点变大：早上启动电脑后，写下当天的一个目标然后注明：

"今天我一定会实现的。"然后重写目标，更有抱负一点。例如，如果你今天的目标是在收到邮件后的三小时内回复邮件，你可以规定自己在两小时四十五分钟内回复邮件，试着更大胆一些。然后明天再设定一个不同的目标。

📝 强调结果的重要性

当人们认为截止日期很重要时，他们会更加努力地去赶上最后期限。这项练习可以帮助你养成在重要的截止日期前，创造紧迫感的习惯。在讨论了一项重要的任务及其时间表后，询问能否早点完成："这对我们的成功至关重要。你能早点完成吗？"写下他们的反应。

📝 使用高强度的词汇

你不仅可以通过员工的行动和产出（他们完成了多少），还可以通过他们用来描述他们所做的工作的词汇来度量他们的紧迫性。像"紧急的""关键的"和"至关重要"这样的高强度词汇传达了紧迫性，并激发了其他人的紧迫感。养成在这个练习中使用高强度词汇的习惯，在讨论了一个重要的任务或项目之后，用高强度的词语强调它的紧迫性，例如，可以说："完成这项工作绝对至关重要！"写下你用过的词语。

解决问题和做出决策

解决问题和制定决策是一套领导力技能，专注于通过批判性思维解决问题。在你需要为客户改进产品和服务、实施新系统和新流程、提高运营效率、提高盈利能力、合并或重组业务单元的情况下，这些技能尤为重要。在此类别也有四种领导技能：分析信息，思考解决方案，做出正确的决策，专注于客户。前三项技能在解决问题时是一致的。首先，你必须通过收集和整合相关信息（分析信息）来充分了解问题所在。一旦你对这个问题有了很好的理解，你就可以对多个解决方案进行头脑风暴，找出每个解决方案的优缺点，并设定用于做出决策的标准（通过解决方案思考）。然后，你通过选择解决根本问题的最客观解决方案，并基于逻辑分析后的行动（做出正确决策）来做出决定。这类技能中的最后一项（关注客户）确保你将客户的需求作为解决问题和决策制定过程的一部分加以考虑。

技能 5：分析信息 　››

　　分析信息意味着收集并整合多段数据，研究问题以充分理解它是有效解决问题过程的第一步。在我们的研究中，我们发现了高效领导者在分析信息时的那些微行为：

　　1. 查看所有可用文档来查找有关该问题的相关信息。

　　2. 整合来自多个来源的信息以获得新颖视角，通常是通过比较和对比不同数据点和不同来源，并找到将它们联系到一起的共同主题。

　　3. 基于多个信息的基础决策，并直接引用不同的证据来源来支持决策。

为什么该技能对领导力很重要

只有了解问题的根本原因，才能有效地解决问题，而只有通过研究和分析才能了解问题的根本原因。这意味着要收集数据，花时间对来自多个来源的证据进行比较和对比，即使是处于需要迅速得出结论的压力下。因为没有一个好的分析，你就无法正确地理解问题，你很可能最终解决了错误的问题或者仅仅解决了表面的症状。

在工作中，需要强大的分析领导才能实施新系统和流程，提高操作效率，或者合并和重组业务单元。在设计新的工作流程时，你必须首先进行分析（收集和评估信息），以确定潜在问题、冗余和改进的机会。同样，当你将操作合并到一个新实体中或将操作重新聚焦到核心业务活动时，你还需要在设计新组织结构之前分析工作流程、相互依存性和业务重叠这三者。

有以下迹象说明你需要提高该项技能

→如果你在并未对问题做研究的情况下就迅速做出决定。

→如果你基于有限的信息得出结论。

→如果你不得不经常反复解决同样的问题。

→如果你发现自己解决了错误的问题。

→如果你最终只是修补了问题的表症，并没有解决问题的根本。

技能与性格特征保持一致

如果你在好奇心和抱负心方面分值高，分析信息对你来说可能有内在奖励。如果好奇心方面得分高，你会是一个有创造力、有智慧的人，喜欢思考和解决复杂的问题。如果你抱负心方面得分高，你可能自信而果断，也可能有动力和信心收集必要的信息，知道何时该停止。如果你拥有以上这两种性格特征的话，你可能会从以下行为中获得满足感，比如搜集问题的相关信息、整合不同的信息以找到共同的主题。

5 分钟领导习惯练习

以下练习将有助于提升你分析信息的能力

研究这个问题

你可以通过仔细检查你所做的决定，养成查阅可用文档来查找相关信息的习惯。做出决定后，请再找一个额外的信源（搜索网络或询问某人）作咨询，并用一句话写下新信息如何支持或反驳你的决定。例如，在决定给予客户折扣后，你可能从同事那里得知这位客户上周也获得了相同的折扣。如果新的信息与你的决定产生冲突，那就返回再多研究下这个问题。

找到共同的主题

通过比较和对比你在研究期间收集的信息，找到统一不同数据点的共同主题，你可以获得新颖的见解。使用以下练习：在研究一个问题之后，将收集到的信息整理成三到五个要点，并写下共同的主题。例如，你会发现一些员工错过了最后期限，一些员工完成了错误的任务，而还有一些卷入了激烈的冲突，这里的共同主题是团队缺乏协调。

📝 基于多个来源的基本决策

　　使用与过去做决定参考的不同来源来练习此行为：在陈述你的观点（通过电子邮件或会议）之后，给出两个证据来支持你的观点："我的观点是基于……和……"例如，如果你认为一个会议应该重新安排，你的依据可以是几个关键的人物告诉你他们无法参加，并且会议议程未按时准备好。

技能 6：思考解决方案 ＞＞

　　思考解决方案，是指根据明确的标准仔细地评估一个问题的多种解决方案，这是有效解决问题的第二步。分析信息的重点是获得对问题根本原因的理解，但思考解决方案的重点是识别和评估问题的可能解决方案。在我们的研究中，我们发现了高效领导者在思考解决方案时的微行为：

　　1. 针对一个问题通过头脑风暴找出多种解决方案，而不仅仅是一种。
　　2. 确定解决方案的优缺点，并对其可行性进行批判性评估。
　　3. 通过清楚地说明理想解决方案的特征以及解决方案需要达到

的目标，确定你将用来选作最佳解决方案的标准。

为什么该项技能对领导力很重要

解决复杂的问题需要时间，想到的第一个解决方案不太可能是正确的。这就是为什么思考解决方案是如此重要的领导技能。作为一个领导者，你每天都要面对很多问题，即使你已经做了调查，你也很难每次花时间和精力能找到解决每个问题的最佳方案。这项技能使你能够考虑所有的选择，并确保你不会随意选定进入脑海的第一个解决方案，或者因受挫而做出一个反应性决策。这种反应性决策常常导致无效的解决方案，只能解决表面问题，并不能解决根本问题。

在工作中，思考解决方案与分析信息的技能对领导力的重要性一样，如要实施新系统和新流程、提高运营效率、以及组合和重组业务部门等。在对问题进行彻底分析之后，你必须想出许多可能的解决方案，并根据设定标准对其进行评估，然后再决定哪个是最佳行动方案。你不能只凑合着用你想到的第一个解决方案。对于如何重新设计工作流程或重组业务单元，你有许多选择，每个选择都有各自的优点和局限性。作为一名领导者，你需要了解你的选择和他们的缺点。而制订理想解决方案的明确标准，可以确保你能够为你的员工和团队选择正确的行动方案。

有以下迹象说明你需要提高该项技能：

→如果你对解决问题感到沮丧，只是希望问题消失。

→如果您不考虑决策的优点和局限性。

→如果你感到有压力要尽快做出决定。

→如果你通常选择的都是你能想到的第一个决定。

→如果你并不知道理想的解决方案应该是什么样子。

技能与性格特征保持一致

如果你在组织性、坚韧性、好奇心特征方面得分高，可能会认为思考解决方案的行为具有内在回报。如果你组织性方面分值高，你可能是有条理的、系统的、勤奋的一个人，喜欢在做决定前仔细考虑。如果你在坚韧性方面分值高，你很可能在压力下会保持镇静、平和、冷静。在解决问题时，你不会轻易感到沮丧或不耐烦，也不会在压力之下草率做决定。如果你好奇心方面分值高，你就往往具有创造力和智慧，喜欢思考和解决复杂的问题。如果这几种性格特征你都有，那你可能会从以下行为中获得满足感，诸如运用头脑风暴得到的多种解决方案，思考方案的优缺点，以及确定最佳解决方案的标准等。

5 分钟领导习惯练习

以下练习将有助于提高你思考解决问题的能力。

📝 头脑风暴多个解决方案

通过该练习，养成考虑多种解决方案的习惯：在提出一个行动方案（通过电子邮件或会议）之后，列出两个你考虑过的备选方案：
"在考虑了诸如……和……其他几个方案之后，我决定采用……"
写下这句话。例如，你可能会说："在考虑了几个诸如团队会议和团队培训的选择之后，我决定每周进行一对一的检查。"

确定解决方案的优缺点

养成与他人沟通的习惯，说你已经考虑过该行动方案的局限性，而不只是关注该方案会如何解决你想要解决的问题。在向某人提出一个想法之后，用"我认为我们应该……它在……有助于……但它并不能……"来陈述你的想法的一个优点和一个缺点。写下这句话。例如，你可以说："我认为我们应该问我们的员工如何改进我们的产品，他们的支持会对我们有帮助，但不会帮我们拿到客户反馈。"

定义理想的解决方案

这种微行为需要有明确的标准来评估问题可能的解决方案。你可以通过列出其不同的特征来定义理想的解决方案：当你意识到你有一个问题要解决时，写下两三个要点，说明理想的解决方案应该是什么样的。例如，"我们需要一个易于实施，每个人都可以访问并且范围灵活的计划。"

技能 7：做出正确的决定 >>

做出正确决定意味着理解手头的根本问题，并采用一种能够平衡各方所有需求的合乎逻辑的行动，这是有效解决问题的最后一步。

在我们的研究中，我们发现了高效领导者在做决定时的微行为：

1. 充分理解问题和问题的根源。

2. 选择一个客观的行动方案以满足每个人的需要，不对任何个人或团队持有偏见。

3. 根据收集到的信息采取符合逻辑的行动。

4. 即使没掌握所有信息，也要及时采取行动，避免分析瘫痪。

为什么该项技能对领导力很重要

世界充满了复杂性，几乎找不到可以解决任何问题的完美方案，但仍然有可能做出正确的决定。该技能建立在分析信息和思考解决方案的基础上。做出正确决策的领导者有耐心和主动性，他们不会过度分析或不必要地拖延决策。他们进行研究并且考虑许多不同的选择，不会因为事情的复杂性或追求完美解决方案，而不去采取行动。通过考虑不同解决方案的局限性，确保他们的决策能够平衡所涉及的各方的需求。良好、自信的决策能带领团队朝着正确的方向前进，避免错误地开始、走弯路，也防止了会挫伤下属和破坏士气的猜疑。

在工作中，做出正确的决策对于领导力挑战的重要性与信息分析和思考解决方案的技能一样，涉及实施新系统和新流程、提高运营效率、组合和重组业务部门，等等。在对问题进行彻底分析并生成和评估多个不同的解决方案之后，你必须拍板选择一个行动方案。你不能再继续收集和分析数据，然后无限期地生成可能的解决方案。

你要及时地选择一个最佳解决方案然后执行该方案。同样地，你不能一直改变你的想法——一旦你做出了决定，就需要执行它并向前推进。否则，你最终只是浪费时间和资源。

有以下迹象说明你需要提高该项技能：

> →如果你害怕做出错误的决定。
> →如果你觉得在做决定之前需要更多的数据。
> →如果你一直在等待能出现完美的解决方案。
> →如果你经常改变主意。

技能与性格特征保持一致

如果你在"抱负心""组织性""适应力"和"好奇心"几个性格特征上得分高，你可能会发现做出正确决定对你来说具有内在回报。如果你抱负心方面分值高，你很可能自信又果断，不会被决策麻痹所困扰，乐于在决策中冒险。如果你在组织性上得分高，你可能是有条理的、系统的又勤奋的人，喜欢在做决定前仔细考虑。如果你在适应力上分值高，你很可能在压力下平和、冷静，不会轻易感到沮丧或不耐烦。如果你好奇心方面分值高，你就往往具有创造力和智慧，喜欢思考和解决复杂的问题。这就是为什么你可以从一些行为中获得满足感，比如发现潜在的问题、找到可平衡各方需求的客观决策，以及即便没有信息可供参考时也能及时做出决定。

5 分钟领导习惯练习

以下练习将有助于你提升做出正确决定的能力。

📝 表现出你了解根本的问题

大多数问题由隐藏的根本问题或根本原因引起的几个明显的症状组成。解决根本原因才是最佳决策，但首先，你必须通过深入研究你试图解决的问题的本质来确定这些原因。使用以下练习：

在了解了问题之后，问问自己："问题的根本原因是什么？"写下你的答案。例如，你的两名员工就即将到来的截止期限发生了争执。截止日期是表面问题，但你会发现根本原因是这两个人之间缺乏信任。

📝 选择一个客观的行动方案

总是存在这样一种风险，即一个决定在某种情况下会无意地使某个人或团体处于不利地位。良好的决策通过确保行动方案对所涉及各方保持客观和公平，来避免这种风险。通过以下练习来养成这个习惯：在决定采取行动之后，问问自己："这个行动会对谁产生负面影响？影响会是什么？"写下你的答案。例如，你可以决定为团队实施一项在家工作的政策，这可能会对孩子还比较小的员工产生负面影响，因为孩子可能会分散员工的注意力。

📝 解释你的理由

一旦完成分析并确定了解决方案，就该采取行动了。要练习解释你的理由，让大家知道你所做的是一个合乎逻辑的决定：在你推荐一个行动方案之后，通过说"我们应该这样做，因为……"来解释你背后的理由。把它写下来。例如，你可以建议延迟产品发布："我们应该延迟发布产品，因为我们初始测评中发现了许多严重的漏洞。发布有缺陷的产品可能会损害我们在市场上的声誉。"

📝 即使我们没有全备信息可参考，也要及时采取行动

　　不要为收集更多的数据以期找到完美的解决方案而一再推迟做决定。如果你害怕犯错误，或者在做重大决定时感到不舒服，就把它想成是做一系列小决定。如果注意到自己想要做更多的研究来收集更多的数据之后，问问自己"今天我能做什么小决定"来把任务完成。例如，如果决定全年年度预算会觉得压力重大，你发现自己没有确定最终预算，反而想要从同事那里收集更多的信息，你可以把它看成是四个一系列的小决策，今天你就可以先决定一个季度的预算。

技能 8：专注于客户 >>

　　关注客户意味着了解客户的需求，并且在决策过程要最先考虑这些需求。在我们的研究中，我们发现了高效领导者在关注客户时的微行为：

　　1. 明确定义你的客户是谁。
　　2. 通过明确地提出问题收集信息了解客户当前和未来的需求，在口头和书面沟通中强调客户反馈的重要性。
　　3. 做决策时明确地参考并结合客户反馈的主题，将客户反馈作

为决策的依据。

　　4. 制定高标准的客户服务，明确传达对客户行为的期望。

为什么该项技能对领导力很重要

　　作为一个领导者，你经常会被要求去处理日常的运营问题和紧急情况，比如人际冲突、资源不足，或者时间表制定不合理的状况。由于它们的即时性，这些类型的问题很容易分散你对公司客户的注意力。公司的客户与运营问题和紧急情况一样重要，甚至更重要——他们才是你们公司一开始存在的原因。要想成为一名高效的领导者，你必须永远记住谁受你们决策的影响最大——你的客户——并在你的日常工作中充分考虑他们的需求。毕竟，你的客户应该是第一位的！

　　在工作中，以客户为中心可以提升公司的客户价值导向，提高客户满意度，更好地将产品和服务与竞争对手区分开来，强化公司的品牌和声誉，提高客户忠诚度。你对你的客户关注得越多，你就越能了解他们是谁以及他们当前的需求是什么，更容易预测他们未来的需求。你将考虑你的决策会如何影响你的客户，并确保你们团队能提供高水平的客户服务。通过这些行为，你可以通过购买你的产品和服务来增加客户获得的利益，可以在销售的时候改善与客户的全部互动过程，超出客户的期望。

有迹象表明你需要提高这项技能：

　　→如果你在做决定时没有考虑到顾客。

→如果你不清楚你的客户是谁。

→如果你的客户并没有成为回头客并购买更多。

→如果你认为你已经知道你的客户需要什么和想要什么。

→如果你的客户经常对你们的产品或服务不满意。

→如果你没有每天至少为你的顾客着想一次。

技能与性格特征保持一致

如果你在"关怀心"和"好奇心"两项得分都很高，你会发现专注于顾客对你有内在奖励。如果你善于关心别人，你很可能具有洞察力、支持力和同理心，擅长解读人们的需求，并尽力确保他们满意。如果你在好奇心上面分值高，你可能是一个强大的战略家和远见者，喜欢解决复杂的问题，并为不同的业务场景制订策略。如果你有以上的性格特征，你很可能会从以下行为获得满足感：提供高水平的客户服务、了解客户的需求以及将客户反馈纳入你的决策中等行为。

5 分钟领导习惯练习

以下练习将有助于提升你专注于客户的能力。

📝 定义你的客户

让每个人都知道你如何用具体的术语定义你的客户群。养成在日常会议和电子邮件中定期引用这个定义的习惯。在讨论了内部运营问题后，提醒你的团队，你们要从根本上为客户解决问题："这是最终的解决方案（为定义客户），客户是我们的首要任务。"例如，学校校长可能会说："这是这个学校的家长和学生的最终解决方案。他们是我们的首要任务。"

研究客户的需求

通过本练习，了解你的客户现在想要什么，并预测他们将来想要什么。午餐结束后，花 5 分钟时间阅读行业报告或客户调查，研究客户需求趋势。写下你新学到的事情。例如，你可能会了解到你的客户现在只休几天的短假期，一改过去长达几周的假期。

根据客户反馈做出决定

这种微行为是关于将客户反馈直接纳入你的日常决策过程。当你意识到你需要做一个决定时，问问自己："我能将哪些客户反馈融入到这项决策中？"写下你的答案。例如，如果你必须决定在哪里外包生产，你的客户说他们欣赏欧洲的设计，你就可以考虑将生产转移到中欧或东欧，而非中国。

期待高标准的客户服务

通过本练习，重点突出在与客户的日常互动中你所认为的对顾客恰当行为。在一次会议上讨论了最后一项议程后，重申一下你希望员工如何对待客户："我希望你……"把它写下来。例如，如果是负责 IT 服务台的经理可以说："我希望你对我们的服务对象有耐心，要迅速解决他们的问题，让他们感到自己受到重视。"

领导变革

领导变革是一套领导技巧，专注于推动变革，让每个人都参与进来，促使变革在组织中发生。这些技能在以下情形中尤其重要，比如当你需要推进创新、塑造持续改进的文化氛围、实施新的组织战略或重新关注新市场的时候。该类别中有三种领导技巧：销售愿景，创新和管理风险。最后两种技能是在同一范围对立的两种技能——一些领导者倾向于规避风险，这使得他们无法进行创新，而另一些领导者则倾向于不计后果地创新，这使他们的组织面临不必要的风险。

技能 9：销售愿景　>>

销售愿景意味着用你们所在组织的美好愿景激励他人并说服他们接受它。在我们的研究中，我们发现了高效领导者在推销愿景时所做的以下微行为：

1. 为组织的未来状态描绘一幅生动画面，让观众可以预见到终点的样子。（比如"月球上的人"）

2. 沟通三到五年周期内具体的长期目标。

3. 迎合追随者的个人价值观和需求，使公司愿景与他们相关。

为什么该项技能对领导力很重要

对公司的发展方向有一个清晰的认识，可以激励人们更加努力地工作，以及为他们提供一个方向，这样他们就能理解什么更重要，什么没那么重要。当你实施更改时尤其如此。变化带来阻力和不确定性，当你为大家提供一个清晰、生动、引人入胜、易于理解记忆，并且与个人相关的愿景时，人们会更容易接受改变。

在工作中，销售愿景对于领导力挑战非常重要，这些挑战要求你建立战略方向、启动初创公司、打造新产品和服务，或者实施新的组织战略。在确定组织的长期方向和范围之前，你必须有明确的目标和愿景。同样，如果你要启动新的组织、业务部门或提供新的产品和服务时，必须让你团队中的每个人都对新方向有充分的了解，才能使其成为现实。

有以下迹象说明你需要提高该项技能

→如果你认为战略规划和愿景练习不切实际且毫无用处。

→如果远景和长期目标对你来说只是毫无根据的猜测。

→如果你因为害怕达不到目标而不想承诺任何长期目标。

→如果你不能用一句话概括你所在组织的愿景。

→如果你的追随者不明白该组织的目标，并且不清楚该目标如何使他们个人受益。

技能与性格特征保持一致

如果你在抱负心和外向性格上得分很高，你可能会发现销售愿景对你是有回报的。如果你抱负心方面分值高，你很可能充满自信、精力充沛、有说服力和影响力，热爱发起新项目、推进增长进步，并为未来提供想法和计划。如果在外向型性格方面分值高，你可能富有魅力、健谈、有活力又充满热情，喜欢表达兴奋并迫使别人采取行动。如果你有以上几种性格特征，你可能会从以下行为中获得满足感，比如描绘组织的未来图景，设定长期目标，以及迎合追随者的个人价值观和需求。

5 分钟领导习惯练习

以下练习将有助于提升你绘制销售愿景的能力。

绘制生动愿景

要每天练习这种微行为，描绘出你要求别人所做任务的终点或结束状态——哪些可见的迹象证明此人已经完成了任务。以下练习将帮助你把这种图景化的技巧变成一种习惯：在要求某人完成任务之后，请描述你需要查看的第一个行为标志，以便确认任务已完成，"该任务完成的时候，会像是……"例如，如果我让你订购耗材时，在看到供应柜库存充足后就知道你已经完成了。

长远考虑（三到五年）

一般来说，组织目标的跨度为三到五年。你可能不会每天都制订一个长达几年的目标，但你可以通过将其应用于你的日常项目，来练习长远思考的技能。在讨论一个项目（通过电子邮件或会议）之后，可以通过陈述"在三到五年内，我们可能会做……"来说明项目在三到五年后会有什么不同。例如，在讨论一个新网站的计划时，你可以说："在三到五年内，我们可能会把所有的产品定制都整合到在线购买体验中，这样客户就可以在线购买完全定制的产品，而无须与我们的销售代表互动。"

使远景与个人相关

这种微行为包括将愿景转化为追随者个人所重视和渴望的东西——会让他们明显受益的东西。通过该练习，养成使项目、任务和想法都与所涉及的个体息息相关的习惯。在推销一个新的项目或想法之后，通过说："（这个项目）于你个人的利益是……"突出如何与他们个人相关。例如，在要求销售人员为公司撰写博客后，你可以说："于你个人的利益是，你可以在公司网站和社交媒体上获得知名度，你可以将自己打造为一个思想领袖。"

技能 10：创新

创新意味着对重要问题提出创造性的解决方案。在我们的研究中，我们发现了高效领导者在创新和革新时的微行为：

1. 采用全局性的方法将看似无关的想法结合到一起，打破常规思考，看到其他人看不到的信息之间的关联。

2. 运用头脑风暴提出创造性的解决方案，要新颖、独特和出人意料。

3. 庆祝并鼓励尝试有计划的冒险和新鲜事物。

4. 在有意义且急迫需要创新的问题上专注创新，而非为了创新而创新。

为什么该项技能对领导力很重要

无论是更好地为客户服务、创造产品，还是更好地协调团队工作，其中总会存在改进的空间。这就是创新——把事情做得更好。善于创新的领导者通过在竞争中创造差异化的产品和服务，为其组织提供竞争优势。此外，他们还通过支持创新性想法、战略性思考和挑战现状来助推他人进行创新。

在工作中，领导力的创新导向会塑造一种鼓励尝试和持续改进的文化氛围，并激励你的团队更具创造力。鼓励产品、服务和日常业务运营保持进步，为公司创造并保持竞争优势。

有以下迹象说明你需要提高该项技能：

→如果你不想改变。

→如果你只看到了以不同方式做事的风险。

→如果在面对变化时，你会问："我们现在的做事方式有什么问题吗？"

→如果你总是用同样的方法解决问题。

→如果你想象不出一个问题的创造性解决方案会是什么样子。

技能与性格特征保持一致

　　如果你在好奇心上得分高，在组织性上得分低，你会发现创新对你具有内在价值。如果你在好奇心上分值高，那你通常是创造性类型的人，你喜欢提出新颖的、不同的做事方式的建议，讨论新的想法，鼓励别人沿着新的思路思考，尝试新的方法。如果你在组织性上分值低，你可能更灵活，更能包容不确定性，这是创造力的先决条件。（相比之下，高度有组织的人倾向于规避风险，严格遵守现状，抵触改变，这些品质让他们很难创新。）如果你好奇心强但组织性差，你可能会从以下行为诸如通过头脑风暴得出创造性的解决方案或鼓励他人尝试新方法等行为中获得满足感。

5 分钟领导习惯练习

　　以下练习将有助于提升你的创新能力。

📝 把看似无关的想法结合起来

　　创造性的视角通常出现在你发现两件事之间的共性时，而这两件事最初看起来并无关联。要养成跳出固有思维模式的习惯，可做以下练习：当你或别人用"但是"这个词来描述两种相反的观点时，问问自己："这两件事是如何联系在一起的？"写下答案。例如，有人会说："大多数客户都喜欢我们的产品，但也有一些人讨厌它。"两个明显的对立面之间的联系是所有客户对你们产品都有强烈的情绪反应。

📝 头脑风暴创意解决方案

在本练习的背景下，创造力意味着以非传统的方式解决问题——换句话说，不是使用大多数人使用的既定过程。你可以每日头脑风暴创造性的解决方案，想象你有一个无限的预算来解决问题。在了解了问题之后，问问自己："如果我拥有世界上所有的钱，我将如何解决这个问题？"然后写下一个想法。例如，你可能意识到，为了更好地服务客户，你需要创建一个新的原型团队，在将新解决方案推广到所有客户之前先对其进行测试和记录。

📝 鼓励尝试

使用以下练习，你可以养成鼓励他人尝试新方法并从中学习的习惯。在有人提出新想法之后，问一下："尝试这个会怎么样？"写下答案。听完细节后，你可能会决定试用这个新想法。

把创造性的精力集中在有意义的问题上

如果创造性思维不是为重要问题提供解决方案，那就是浪费精力。以下练习将帮助你养成把创新集中在重要事情上的习惯。提出一个新想法后，问问自己："这会如何解决我们最重要的问题？"写下答案。例如，你可能建议公司将拥有的办公楼的一部分租出去，额外的收入将提供一个新的稳定的收入来源，用以解决公司季节性现金流不一致的问题。

技能 11：管理风险 >>

管理风险意味着预测来自多个方面的威胁并制订计划以应对这些威胁。在我们的研究中，我们发现了高效的领导者在管理风险时有如下微行为：

1. 预测来自多个领域的威胁，运用头脑风暴模拟事情出问题的不同场景。
2. 拥有包括作为创新的一部分的试点测试和反馈循环的方法。对于新想法，在实施前先测试它们，并创建跟踪实施进度。
3. 制订应急计划以处理错误和失败，总是准备好了 B 计划。

为什么该项技能对领导力很重要

拥有超多的好东西是可能的——即使是创新和雄心壮志。不断追求新的解决方案和大的目标会导致鲁莽的决策，从而增加风险。鲁莽和风险过大的可能后果包括客户满意度和品牌忠诚度的降低、财务损失以及对你声誉的损害。因此，负责任地管理风险对你的成功至关重要。创新者有时会对变革和新奇事物"上瘾"，急急忙忙地实现每一个崭新闪亮的风潮，而不考虑其对组织的长期风险。另一些人可能在追求成功的过程中过于激进，设定的目标过于雄心勃勃，与现实相去甚远，根本无法实现。

在工作中，风险管理对于你的创业（一个新的组织或部门）、开发新产品和服务或进入新市场等创业活动尤为重要。在企业家的冒险行为和鲁莽之间有一条细微的界限。你遇到的一些商业机会比其他的风险更大，你必须具备预测和有效管理这些风险的能力。

有以下迹象说明你需要提高该项技能

→如果你只是为了改变而改变周围的事物。

→如果新的、有光泽的东西让你感到兴奋，你渴望并一定要拥有它们。

→如果你的目标真的宏伟且大胆，但很少能实现。

→如果你不试验你的想法并直接付诸实施。

→如果你对设有 B 计划持怀疑态度。

技能与性格特征保持一致

如果你在有组织性上得分高，在抱负心方面得分低，你可能会发现管理风险本质上是有益的。如果你组织性分值高，你很可能是保守的、可信的、可靠的和勤奋的（但是如果你很有条理，你可能倾向于规避风险）。如果你抱负心上分值低，你很可能是懒散的、不着急的，不愿意承担责任的。有了这些性格特征的结合，你可能就不容易做出冒险的决定，可能会从预测风险、试验测试想法和制订应急计划等行为中获得满足感。

5 分钟领导习惯练习

以下练习将有助于改善你管理风险的能力。

📝 预测来自多个领域的威胁

风险可能来自任何地方，比如内部运营、客户需求的变化、供应链的创新、颠覆性技术的出现以及全球经济的变化。每天坚持以下练习，可以养成预测的习惯。做出决定之后，问问自己："在运营、客户或经济中发生了哪些变化会对我的决定构成威胁？"写下你的答案。例如，如果你决定为你的零售店投资扩建停车场，那么全球油价的上涨可能会对你的决定造成威胁，因为你的很多顾客可能不会开车去你的店。

📝 测试你的想法

在你决定实施任何新想法之前，先对其进行试点测试，以了解它在实践中的作用。你可以在想出一个点子后，找出一个低风险的方式来试验其可行性。然后写下你的想法。例如，如果您想出一个改进产品的想法，先做一个实物模型，在进行大规模投资之前先把它拿给几个值得信赖的客户看一下。

📝 制定计划 B（备选计划）

通过本部分练习，养成制订应急计划来处理错误和规避失败的习惯。在提出一个问题的解决方案后，问问自己："如果我的解决方案不奏效，我该怎么办？"写下你的计划 B。例如，如果你计划举办一个在线视频会议，你的计划 B 可能是一个备用电话桥，以防有人连不上网络。

第七章

Chapter 7

专注于人

以人为本型的领导技能就是保持让他人参与、被激励和得到满足。拥有这些技能的领导者通过建立和维护关系来支持他们的追随者。他们往往极具人格魅力，有很强的人际交往能力，能有效地激励和影响他人，积极地帮助他人成长和发展。我和我的研究团队确定了 11 种以人为本型的领导技能，这些技能分为三类：说服力和影响力，成长中的人与团队，以及人际交往能力。

说服力和影响力

说服力和影响力是一种领导技能，专注于激励人们实现组织目标。作为一个领导者，你要通过引导别人来工作，这意味着你需要说服和影响他们来完成工作的技能。这些领导技巧在你需要实现目标的情况下尤其重要，比如让团队与组织战略保持一致，合并、重组业务单位，与供应商和合作伙伴建立战略联盟等。该类别中有三种领导技巧：影响他人，克服个体抗拒，优质谈判。

技能 12：影响他人 >>

影响他人是指通过发现问题并提出令人信服的论点来影响他人的思维和行为。在我们的研究中，我们发现了高效领导者在影响他人时的微行为：

1. 预测其他人将如何对新想法、新计划和新提议做出反应。
2. 提出有针对性的问题来探究人们的关注点。
3. 能巧妙地将讨论从表面问题引导到根源问题，以确保解决的是问题的根本原因，而不仅仅是表面症状。
4. 发现隐藏请求，这样你就能准确全面地满足人们的需求。

为什么该项技能对领导力很重要

与普遍看法相反，大多数正式的领导职位只有有限的影响力。当然，你可以用专制的态度来命令周围的人，通常这会导致服从，但服从并非承诺。人们会执行你告诉他们的任务，但不会尽其全力。作为一个领导者，你的工作就是激励人们想要去完成他们的任务，因为他们相信你所要求他们做的是正确的行动方案。因此，预测人们对新计划、新想法和新提议的反应很重要。你需要听取和了解他们关注的问题，并有效地解决这些问题。当人们觉得他们有被倾听，知道你已经考虑过他们的观点，他们会更愿意同意你的要求。因此，要把事情做好，你必须获得的不单单是服从。你必须让人们相信你的想法和倡议，并致力于让它们成为现实。

　　在工作中，让你的追随者加入团队是至关重要的，尤其是在使团队与组织战略保持一致、实施新系统和新流程，以及合并和重组业务单元方面。如果你不能有效地使用影响策略，你将很难引导这些类型的改变，一般来说，你会发现很难激励人们去做需要做的事情。

有以下迹象说明你需要提高该项技能：

　　→如果你很难激励人们去做需要做的事情。
　　→如果你希望人们完成任务只是因为你告诉他们应该如此。
　　→如果你对别人对你的计划的负面反应感到惊讶。
　　→如果人们对你想做的改变产生抵制。
　　→如果你无法说服别人你的方式是正确的。

技能与性格特征保持一致

　　如果你在抱负心和适应力上得分很高，你可能会发现影响他人是一种内在的回报。如果你在抱负心方面分值高，你可能很充满自信，很有说服力，喜欢影响别人。如果你在适应力方面分值高，你可能在压力下很冷静、平和、沉稳，不会感到不耐烦，也不会轻易受挫。如果以上两项性格特征你都有，你可能会从以下行为中获得满足感，比如预测别人对计划的反应，关注别人的忧虑，以及提出坚实有力的论点。

5 分钟领导习惯练习

以下练习将提高你影响他人的能力。

📝 预测反应

人们对新想法大多消极应对，尤其是那些想法对他们的工作和个人生活有直接影响的时候。利用本练习来养成习惯后，你就能预料到人们的反应，并准备一个更好的影响策略。检查完下次会议的日程表后，写下一句话，描述你认为你要会见的人会对你计划讨论的话题有何反应。例如，如果你打算讨论公司新标识的创意，你可以写下：“我认为苏西会喜欢这个颜色，但她可能不喜欢这种形状。”

📝 询问问题

当人们感到自己的问题被倾听时，人们更有可能接受新想法和新的做事方式。使用以下练习问一些人们关心的问题。在某人（通过电子邮件或会议中）表达了担忧或不满后，问一个有针对性的问题，以便更好地理解对方的立场，比如，“你为什么会担心这个？”例如，如果你的团队中有人对你公司使用的在线会议软件不满意，你可以问她：“你为什么对我们使用的软件感到担心？”以便更好地理解她的担忧。

引导讨论指向根本原因

通常人们的担忧来自于他们对所面临问题的误解。通过以下练习，你可以养成帮助人们找出问题根源的习惯。在有人向你描述了一个问题后，承认问题，并通过说"我明白这是一个问题，但我想知道，它是否可能是我们应该讨论的另一个根本问题的表现症状"来询问根本的问题。例如，如果有人抱怨他的同事不靠谱，错过了最后期限，那么根本的问题可能是，那个错过最后期限的人因承担了太多的任务而不堪重负。

发现并处理隐性请求

当人们抱怨某事时，通常在抱怨中隐藏着一个请求。如果你发现了隐性需求是什么，你可以通过一个可靠又合理的解决方案来满足该需求。使用以下练习：听到别人抱怨后，问他或她的隐性要求是什么，说："谢谢你说出你的问题。你有什么要求呢？"例如，如果客户抱怨收取滞纳金，他们可能会要求你免除这些费用。

技能 13：克服个体抗拒 >>

克服个体抗拒意味着通过解决人们的恐惧和反对并说服他们采取行动，来消除人们不愿改变的态度。在我们的研究中，我们发现了高效领导者在克服抗拒时有以下微行为：

1. 通过承认和说出人们的负面情绪，明确地解决他们的恐惧和不情愿。

2. 通过强调人们会如何从改变中获益来推销改变的好处。

3.促进讨论达成共识。定期沟通相关各方的理解，并总结讨论期间达成的协议。

4.通过强调共同的目标来说服人们采取行动。

为什么该项技能对领导力很重要

改变从来都不是一件容易的事情。人们对改变往往能避则避，不能避开就抗拒。你要求人们以不同的方式做事的任何要求都有可能遇到阻力，无论是被动的还是主动的。

作为领导者，你需要了解抗拒来自哪里，直面解决任何强烈的情绪问题，并集中寻找共同点。抗拒通常来自于恐惧和不确定性。抗拒型的人并不是想让情况变得困难或者让你的日子变得痛苦，他或她只是害怕未知的事物，需要确信你会在他或她身边。

在工作中，你必须善于克服个体的抗拒，以便有效地使团队与组织战略保持一致，提高客户满意度，并实现新的系统和流程。如果你不及早解决掉抗拒情绪，并向人们表明你与他们同在，他们的消极情绪就会蔓延开来。从一个个体的抗拒开始蔓延成整个组织的抗拒运动，严重损害你们实现组织目标的能力。

有以下迹象说明你需要提高该项技能：

→如果人们公开反对你的计划和想法。

→如果你意识不到人们的恐惧和不安，或无同理心。

　　→如果你很难清楚地说明一个人在变化之后生活会如何变得
更好。

　　→如果你似乎无法与一个特定人士达成协议。

　　→如果你不能说服某人采取不同的行动。

　　→如果你无法找出你与抗拒者的共同点。

技能与性格特征保持一致

　　如果你在抱负心、外向性格和适应力上得分较高，你可能会发
现，克服个人的抗拒在本质上是有意义的。如果你在抱负心方面分
值高，你可能充满自信，很有说服力，喜欢影响别人。如果你外向
性格方面分值高，你可能很有魅力，健谈，热情，能很快建立融洽
的关系。如果你在适应力方面分值高，你可能在压力下很冷静、平
和、沉稳，不会感到不耐烦，也不会轻易受挫。如果你有以上这些
性格特质，你很可能会从解决人们的恐惧、向他们兜售改变的好处、
达成协议以及说服人们采取行动等行为中获得满足感。

5 分钟领导习惯练习

　　以下练习将提高你克服个人抗拒的能力。

📝 解决恐惧

　　抗拒通常来自于强烈的负面情绪，比如当人们因改变感到威胁
或害怕改变的时候。承认这些负面情绪并帮人们认识这些情绪，是

克服抗拒的有效方法。使用以下练习，询问让人们恐惧和不情愿的地方。在注意到哪怕是最轻微的抗拒后，问一个问题来了解对方的顾虑，比如："能否告诉我，你觉得这样做哪里不对吗？"或者"我同意你的观点，但是……"例如，一个同事可能从中表现出轻微的抵触，然后你可以问："能否告诉我，这对你来说哪里不合适吗？"

📝 强调改变的好处

从理性层面上看，抗拒也可能来自于对改变的误解或对改变的好处缺乏认识。使用以下练习让人相信改变的好处。在确定需要更改的程序后，问问自己："人们如何从工作流程的改变中受益？"用一句话把它写下来。例如，简化质量保证流程的好处是员工填写的清单更少，从而减少了加班时间。

📝 找到两个达成一致的领域

这种微行为需要有意识地定期在讨论中总结你们一致的地方，向对方表明你站在他一边，并非他的敌人。你使用以下练习：在开始一段对话后，专注于找到两个达成一致的领域。一旦你发现了，就总结说："在我看来，我们关于……的观点是一致的。是这样吗？"例如，你可以同意你们都致力于解决正在讨论的问题，并且你们都希望达成一个双方都认可的问题解决方案。

📝 确定并强调共同的目标

如果你能让人们相信某项行动与他们的目标相关联，那么克服对方的抗拒就会更容易。使用以下练习确定共同的目标：在结束会议后，写下你和其他参会人的一个共同目标。比如，你们的共同目标可能是顺利推出产品，或者满足顾客需求。

技能 14：优质谈判 〉〉

优质谈判意味着在商谈中达成了双赢协议。在我们的研究中，我们发现高效领导者在谈判时有如下微行为：

1.沟通你们的意图以找到一个双赢的解决方案，并专注于了解对方的主要关切点。

2.协作解决问题，有意地将双方的目标、想法和信息引入讨论。

3.解释首选的解决方案会如何增加价值，描述其积极的影响。

4.具体说明后续步骤，并明确要求就这些步骤达成一致。

为什么该项技能对领导力很重要

作为领导者，即使你没有意识到，你也可能每天都在参与谈判。每当你试图通过对话与另一方达成协议时，你就是在谈判。有时你的谈判是正式的，比如和客户谈判合同或者探讨公司的新政策。也有时候你的谈判是非正式的，比如解决与团队或同事的冲突。不管怎样，所有的谈判都是人际互动，这意味着各种谈判从根本上讲就是关系。谈判可能会损害潜在的关系，也可能会加强这种关系，这取决于你如何处理情况。如果你谈判顺利并取得有利于双方的结果，你就会建立信任并改善与对方的关系。但如果你在谈判中胜出是以对方受损为基础的话，双方的关系将受到损害。

　　尽管谈判技巧对每个领导者都很重要，但当你的目标是与供应商、小摊贩或合作伙伴建立战略联盟时，这些技能的重要性将加倍。你需要利用强大的谈判技巧去与其他公司和实体经营者建立互利关系，以追求共同的业务目标。同样，当你的目标是通过合并运营和新实体来拓展业务时，强大的谈判技巧在并购交易中也非常重要。

有以下迹象说明你需要提高该项技能：

　　→如果你把谈判看成一场比赛，即使别人输了你也要赢。

　　→如果你离开谈判桌，感觉自己是吃亏的一方。

　　→如果你在谈判中害怕自己可能会失去很多，怕自己会屈服。

　　→如果你对采取强硬立场来捍卫自己的观点感到不适。

　　→如果谈判让你感到压力，而且你会主动回避。

　　→如果你在谈判中更多的时间是在交谈而非倾听。

技能与性格特征保持一致

　　如果你在抱负心方面得分高，在外向性格方面得分低，在适应力方面得分高，你可能会发现谈判本质上有益。如果你抱负心上分值高，你可能自信、果断、精力充沛、有说服力、有影响力，喜欢谈判。如果你外向性格上分值低，你可能很沉着、保守，喜欢听别人说话。如果你在适应力上分值高，你可能在压力下很冷静、平和、沉稳，不会感到不耐烦，也不会轻易受挫。如果你有以上这些性格特质，你可能会从诸如寻找双赢解决方案，协作解决问题以及就后续步骤达成协议等行为中获得满足感。

5 分钟领导习惯练习

以下练习将提高你的谈判能力。

争取双赢的解决方案

您可以先明确说明你想要寻求双赢的解决方案，为你的谈判奠定一个积极的基调。使用以下练习：在意识到讨论已经转变为谈判之后，明确说清你想找到一个双赢的解决方案，可以说："找到一个我们都满意的解决方案对我来说很重要。请帮助我理解你的主要关注点是什么？"

一起解决问题

当人们觉得他们是在一起解决问题时，他们更有可能在谈判中达成一致。使用以下练习，将谈判转变为协作解决问题的讨论。在听到某人发表意见之后，将这个想法纳入讨论中作为一个协作解决问题的机会："我们一起解决这个问题。确定理想的解决方案时，我们怎样才能利用你的想法（总结一下对方的想法）？"例如，你可以将对方推销品牌产品的想法融入到你关于公司营销策略的谈判中。

突出首选解决方案的好处

根据定义，双赢谈判会为双方都带来好处。使用以下练习解释你的首选解决方案如何创造双赢局面：查看日历并对可能涉及谈判的会议做个预测，用一句话写下你的首选解决方案及其给双方带来的好处。例如，如果与经销商建立战略合作伙伴关系是你的首选解决方案，那么带来的好处就是收获新客户群，他们可以为你和经销商创造额外收入，同时降低销售成本，因为你和经销商会分摊这些费用。

📋 要求就后续步骤达成一致

　　除非双方都理解后续步骤并达成一致，否则谈判无法取得预期的结果。使用以下练习，养成在结束讨论前寻求确认的习惯。在意识到讨论即将结束时，陈述你对后续步骤的理解："我理解我们接下来的步骤是……你同意吗？"

促进个人和团队成长

　　"促进个人和团队成长"是一种领导技能，专注于授权员工，帮助他们发展，使他们在工作中变得更好，在个人和职业生活中取得成长进步。作为一名领导者，你必须确保你的下属能够提高他们的技能，并专注于他们的工作，并且你必须留住你最优秀的员工。当你需要提高个人或团队的表现时，这些领导技能尤其重要，像是提高员工满意度、参与度和留职率，打造卓越的企业文化。该类别中有三种领导技巧：授权他人，指导和训练，建立团队精神。

技能 15：授权他人 >>

授权他人意味着赋予他们决策权，并在不转移责任的前提下提供支持。在我们的研究中，我们发现了高效领导者在授权他人时有以下的微行为：

1. 适当地分配决策权，避免两个极端：不会因过多的责任不堪重负，也不会被过于事无巨细的管理占据时间。

2. 在不转移责任的前提下提供支持——让他们为自己负责的问题承担责任，可通过充当他们的顾问来提供支持。

3. 设置检查节点并且标示相应的重要阶段来监控进度。

4. 指导他人克服障碍，帮助他们克服挑战。

为什么该项技能对领导力很重要

为了取得更好的结果，你的团队需要 A 类员工（指顶尖员工），而你作为领导者的工作就是帮助你的员工成长为 A 类员工。当人们被授权时，才可能会成长——即他们可以自己做决定，自己对结果负责，能够直接体验到他们所做的行为的后果。如果你不授权他人做决定，你的整个团体成员有可能觉得无助，他们只是做你告诉他们的事情，没有自信或能力独立思考和行动——而且你会成为团队的决策瓶颈。

在工作中，授权他人将帮助你提升团队的创新水平，提高员工的留职率和参与度，并建立高绩效的团队文化。高效领导者会为创

造力制造空间以改进产品、服务和运营水平，这意味着给员工空间
让他们尝试自己的想法，提供适当的自由度让他们为自己做决定。
当员工被赋予权力时，他们会与整个团队和组织产生积极的联系，
会致力于取得更卓越的结果。

有以下迹象说明你需要提高该项技能：

> →如果你很难让别人做决定。
> →如果你觉得别人需要你的意见来做出"正确"的决定。
> →如果你喜欢为别人解决问题。
> →如果你确信你的建议是免费送给别人学习的礼物。
> →如果你认为提供支持就是告诉人们该做什么。

技能与性格特征保持一致

　　如果你在关怀心方面得分高，而在组织性上得分低，你可能会
发现授权给他人对你有益处。如果你很善于关心别人，那么你很可
能具有洞察力、支持力和同理心，喜欢为员工挺身而出，愿意倾听
他们的想法。如果你缺乏组织性，你可能更灵活，更能容忍不确定性。
相反，如果你组织性上分值很高，你可能会因为做事严格、控制欲
强和完美主义倾向而对他人进行事无巨细的微观管理。如果你有以
上两种性格特征，你可能会从与他人分享决策权、保留责任地提供
支援、借由障碍指导他人等行为中获得满足感。

5 分钟领导习惯练习

以下练习将会提高你授权他人的能力。

通过分享决策权来授权他人

当你委派任务时，你只是把任务或项目分配给其他人，但是当你给人们任务和项目的同时转交他们决策权时，你是在授权。利用以下练习来养成分享决策权的习惯：在给团队成员分配了一个项目或任务后，通过说："这项任务哪些相关决策你乐意做呢？"例如，你可以明确说清这个人可以接受决定价值在 2000 美元以下的旅行消费决策。

在不推卸责任的情况下提供支持

要真正授权他人，你必须允许他们对自己负责的问题提出自己的解决方案。然而，这并不意味着你要有一个"不成功便沉沦"的心态。

练习在不推卸责任的情况下向他人提供支援：当有人表示担心或沮丧时，认可这一点并询问如何提供你的帮助，可以说："我知道你担心……我可以如何帮你？"

同意下一个检查节点

高效领导者无需微观管理即可监控进度。您可以让运营项目的人自己决定他们认为该项目的定期检查点和重大节点，以确保项目在正确的轨道上运行。使用以下练习来养成这个习惯：在讨论完某人的任务细节之后，可以询问确认下一个检查时点以便达成一致："我们应该何时再来跟踪你的进度，在那个时候我们可以期待你交给我们什么成果？"例如，你可以同意两周后检查，并可以交付演示幻灯片初稿供审阅。

📝 借由障碍指导

指导人们克服障碍并不意味着给他们建议或为他们解决掉问题，而是意味着帮助他们自己找到解决他们面临的挑战的方法。使用以下练习，学会提问而不是告诉人们如何解决他们的问题。当有人带着问题来找你时，提出问题而不是提供解决方案和建议："是什么造成了这个问题，你已经做过哪些努力来解决它？"

技能 16：指导和训练 >>

指导和训练意味着通过反馈信息、挑战性的任务、反思和建议，积极促进他人成长发展。在我们的研究中，我们发现了高效领导者在指导和训练员工时有以下微行为：

1. 提供及时的、以行为为中心的反馈，区别于含性格特征的描述。例如，"你没有按时完成报告"和"你懒于写报告"。

2. 为人们的发展提供具体的、有用的建议，帮助他们改进。例如，对问题行为进行头脑风暴。

3. 与人们合作起草他们的发展计划，而不是规定他们需要改进什么和如何去做。

4. 促进反思，帮助人们认知处理他们的经历，提高他们的学习能力。

为什么该项技能对领导力很重要

　　人们不会通过上课或读书来提高技能。作为他们的领导者，你的工作就是通过反馈、挑战性的任务、建议和反思来积极帮助他们发展。如果你不把你的时间和精力投入到培养团队成员上，他们就会停止学习停滞不前，变得心不在焉，最后工作表现也会变差。

　　在工作中，指导和辅导将帮助你改善客户服务，提高你的团队成员的表现和参与度，并建立一个持续改进的文化。不要让自己太过专注于完成任务，以至于忽略了帮员工成长的重要性，也不要只关注那些表现最差的员工而牺牲其他人的利益。通过使用反馈、建议和反思来帮助你的所有员工发展他们的技能，你会让整个团队做好准备应对任何可能出现的挑战。

有以下迹象说明你需要提高该项技能：

　　→如果你不认为员工发展是你工作的一部分。

　　→如果你对员工的发展建议是"读一本书或参加一门课程"。

　　→如果你很难在完成工作和帮助别人成长之间找到平衡。

　　→如果你只关注对低绩效者的指导。

　　→如果你认为指导就是告诉人们如何把工作做得更好。

技能与性格特征保持一致

如果你在关心他人方面得分高，你会发现辅导和指导从本质上来说是有益的。在关怀心上分值高，那你很可能具有洞察力和同理心，喜欢为别人提供支持。有了这种特质，你可能会从提供反馈、有用的发展建议和促进反思等行为中获得满足感。

5 分钟领导习惯练习

以下练习将提高你指导和教导别人的能力。

提供即时反馈

及时的、以行为为中心的反馈是帮助人们了解他们自己优势和不足的最佳方法。养成使用以下练习立即提供反馈的习惯：在注意到别人工作中的错误或不正确的行为后，马上说："当（情况）发生时，你做了（行动），这导致了（结果）。"例如："你在填写时间表时，漏填了第二页，我们只能延迟支付给你。"

提供具体的发展建议

这种微观行为包括一个人尝试提高技能，或对纠正问题的具体行为进行头脑风暴，但不包含读书或上课。在与某人讨论了一个改进的领域之后，将讨论的重点转向确定具体的发展建议："我们为什么不试一试呢？你可以尝试什么新的、不同的方法？"例如，您可以将本书中的一些练习提议作为新的发展思路。

📝 协作发展

　　有效的指导和教导是一种合作，是两个平等个体之间的对话，他们共同合作帮助一个人成长进步。利用以下练习培养习惯：将平常的会面变成协作发展对话和学习的机会。见面时在初见的闲聊后，问对方今天想学什么："你今天的学习目标是什么？"例如，现在有人可能想学习如何在 Excel 中使用特定的公式。

📝 促进反思

　　人们在尝试中学习，然后通过反思自己的经历来发现什么有效，什么需要改变。使用以下练习帮助别人反思并从他们的经历中学习。当有人描述了最近的一次经历后，帮助他们反思："你认为为什么会这样？你从中学到了什么？"

技能 17：建立团队精神 >>

　　建立团队精神意味着通过将团队的使命与组织战略联系起来，帮助团队实现目标，从而为团队创造一种凝聚力。在我们的研究中，我们发现高效领导者在建立团队精神时有如下微观行为：

　　1. 提倡加强团队凝聚力——明确说明团队凝聚力的重要性及其对团队的益处。

　　2. 组织日常的团队建设活动，以加强凝聚力。找到有助于促进队友之间的关系的日常活动，让他们感觉与团队更紧密的联系。

　　3. 提出实现团队目标的流程和措施——明确团队目标并提出如

何更有效地实现目标。

4. 将个人任务与团队的任务联系起来——解释个人任务如何与团队和组织的大目标相融合。

为什么该项技能对领导力很重要

在任何组织中，人都是相互依存的——每个人的工作影响着其他人的工作。如果个别团队成员工作不协调，整体生产力就会受到影响。作为领导者，你必须确保你的团队是一个有凝聚力的团队。

在工作中，创建团队凝聚力是构建持续改进文化、提高员工绩效以及保留、合并或重组业务单位的重要组成部分。持续改进在一定程度上依赖于个体努力的高度协调，而这来自于更强的团队凝聚力。

有凝聚力的团队效率更高，工作质量也更高，因为他们围绕绩效标准制定了更严格的规范，并且所有团队成员都应该遵守这些标准。同样地，人们与凝聚力强的团队有更深的情感联系，这使得他们更有可能留下来。

有以下迹象说明你需要提高该项技能：

→如果你只专注于管理个人及其项目。

→如果你在一个月内举行的团队会议少于两次。

→如果你不设定团队目标。

→如果你不明白一个人的工作和别人的工作有什么关系。

→如果你不把你的直接下属视为一个团队。

技能与性格特征保持一致

如果你在关心他人方面得分高，你会发现建立团队精神本身是值得的。如果你在关怀心上分值高，你可能会有敏锐的洞察力、支持力、同理心和合作精神，喜欢团队合作。由于你善解人意、乐于助人的本性，你可能会从倡导加强团队凝聚力、建立团队建设活动、提出程序化建议、将团队使命与更大的组织战略联系起来等行为中获得满足感。

5 分钟领导习惯练习

以下的练习将提高你建立团队精神的能力。

倡导凝聚力

当每个成员协调各自的努力，并具有共同的目标或统一感时，团队就会更有效率。使用以下练习，明确讨论团队作为一个整体的重要性和对团队的益处。在回顾团队会议的议程或讨论要点后，强调团队凝聚力的重要性，说："我们作为一个整体来行事非常重要，它将帮助我们更好地实现我们的共同目标。

📝 建立日常团队建设活动

大多数人认为团队建设活动是你在工作之外或下班后做的事情，比如酒吧优惠时段聚聚会或去打保龄球，但你也可以通过每天和团队成员以及组织中的其他人之间建立联系，来促进更强的凝聚力。在问候某人（在电子邮件或当面）之后，将他们与另一个可以帮助他们，或只是他们喜欢见到的人联系起来，说："我想你会很高兴见到……因为……"例如，你可以联系那些参与过类似项目或有相似爱好的人。

📝 讨论程序上的改进

记住，人们的工作总是相互依赖的，人们总有机会更好地协调他们的工作。使用以下练习养成讨论程序改进的习惯，这将帮助你的团队成员更好地协调他们的工作，并提高团队的效率。在与某人讨论一项任务后，问："你依靠谁来完成你的工作，你怎样才能更好地与这个人协调工作？"例如，会计部门的同事向你提供产品使用情况的月度报表，但你需要每周更新，以更好地管理你的账户。

📝 将个人任务与团队目标联系起来

使用以下练习，可以帮助人们将他们自己的工作与团队和组织的目标联系起来。在回顾某人正在做的工作之后，突出该项目或任务会如何支持团队使命，比如："你正在做的工作……对我们的团队目标十分重要。"又如："你在社交媒体宣传活动中的工作，对于我们团队减少年轻人吸烟的使命非常重要。"

人际交往技能

　　人际交往技能是一种领导能力，专注于建立人际关系和与人沟通。作为一名领导者，你每天都要和别人一起工作，所以你需要快速建立良好的工作关系。

　　你需要倾听人们关心的问题并清楚地和他们沟通，让每个人都能理解该做什么。在任何情况下，这些领导技能对实现目标都很重要。这类领导技能有五种：建立战略关系，显示关怀，积极倾听，清晰沟通，说话有魅力。

技能 18：建立战略关系 〉〉

　　建立战略关系意味着迅速与关键人物建立融洽关系并积极加强这些关系。在我们的研究中，我们发现了高效领导者在建立关系时有以下微行为：

　　1. 确定应该发展或改进哪些关系，并对各种关系的重要性和次重要性做优先级排序。

　　2. 为关键人物主动提供支持（如志愿者额外的帮助和建议）。

　　3. 利用共同的利益和存在的共识来建立和谐关系（例如，强调相似的目标）。

　　4. 为双方创造双赢的机会。

为什么该项技能对领导力很重要

工作关系的性质将决定你完成工作的能力。如果你与你的下属或组织中的其他人关系不好，可能会导致冲突和不信任，并最终影响绩效。一方面，如果你对别人太过直接或苛刻，将很难激励他们，让他们参与到他们的工作和组织中来。他们可能会觉得被冒犯，开始怨恨你和他们的工作。另一方面，如果你性格孤僻，讲话轻声细语，在社交场合常显得尴尬，你将很难与他人建立融洽的关系。

不管怎样，如果没有建立牢固的关系，就很难成为一个高效的领导者。

在工作中，建立关系技能还可以使你与供应商、零售商和组织外的其他合作伙伴建立战略联盟。请记住，与其他公司建立互惠互利的关系，对于成功实现共同的商业目标至关重要。

有以下迹象说明你需要提高该项技能：

→如果你害羞、轻声细语、沉默寡言。

→如果你在社交场合感到尴尬。

→如果你只关心完成工作，和别人的社交关系对你来说不重要。

→如果你为自己能直接与人交流，并真实地告诉别人你的想法而感到自豪的话。

→如果你对闲聊没耐心，只想直接进入议题。

技能与性格特征保持一致

　　如果你在外向性格和关心他人方面得分较高，你会发现建立人际关系本质上有意义。如果你在性格外向上分值高，建立人际关系的行为对你来说自然很轻松。你迷人的人格魅力可以使你成为一个很好的健谈者，很快就能与他人建立融洽的关系。你可能很友好，坦率真诚，这进一步有助于你建立强大的人际关系。如果你关怀心方面分值高，你很可能是具有洞察力的、喜欢支持别人、有同理心和合作精神的。你可以体谅和尊重员工，对他们的工作表示赞赏，为员工挺身而出。如果你有以上这些特质，你可能会从建立战略关系中获得满足感。

5 分钟领导习惯练习

　　下面的练习将提高你建立人际关系的能力。

📝 发展新关系

　　高效的领导者不会被动等待别人去寻找他们建立关系，他们主动建立关系。使用以下练习开始联系和发展关系：在办公桌前坐下来开始一天的工作后，写下一个你需要联系或加强关系的人，通过电子邮件或电话联系他。

📝 主动提供支持

　　帮助他人是建立和加强人际关系的有效途径。使用以下练习，让它成为一种习惯：在听到有人发出请求后，立即提出帮助，说："我很乐意为你提供帮助。做什么会对你最有帮助呢？"例如，您可以给对方相关文章或介绍该领域的专家。

找到共同的兴趣

融洽的关系来自于相似的目标和兴趣。与他人建立融洽的关系需要找出你们的共同点，这可能会有比你意识到的更多。使用以下练习来确认和别人的共同兴趣、价值观、爱好、观点和经历。与某人会面后，写下两件你们有共同之处的事情。在下一封电子邮件或面对面互动中提及其中一个相似点。例如，你们可能都喜欢足球，或可能是来自同一个地区。

创造双赢的机会

双赢的机会有助于加强关系。以下练习会突出提议的解决方案如何使双方受益。你可以在讨论了一个行动项目后，说出一个双方都有获得的一个好处。"我认为这是一个双赢的解决方案。你将通过……从中获益，我将通过……从中受益。"例如，外派工作将为你信任的员工提供宝贵的国际经验，而对你而言，你会收获一个在该地区的管理运营上能够被倚重的人。

技能 19：表达关心 >>

表现出关怀意味着真正关心他人的幸福。在我们的研究中，我们发现了高效领导者在表达关心时有以下微行为：

1. 以礼貌和尊重的方式与他人交流——从不粗鲁、傲慢或咄咄逼人。

2. 明确使用表达关心的词汇和短语，例如："你的满意对我来说很重要。"

3. 使用语言表达你对他人的欣赏并重视他们的贡献，例如："我重视你对此问题的意见。"

4. 直接表达一个人正在感受的情绪，通过说出这种情绪并承认你在讨论或写作中看到了它。

为什么该项技能对领导力很重要

表现对别人的关心离建立信任和牢固的人际关系还有一大段距离。如果你的下属知道你关心他们，他们会回报并关心你。这创造了一种相互尊重、忠诚和奉献的文化，并激励人们付出额外的努力来实现雄心勃勃的目标，赶上重要的最后期限。

在工作中，表达对他人的关心可以提高员工的满意度、参与度和留职率。

员工对公司建立积极联系的关键就在于得到关怀，这增加了他们努力工作和留在公司的意愿。

有以下迹象说明你需要提高该项技能：

→如果你把职场生活和个人生活视为完全独立的两块领域，而且你对下属员工的个人生活一无所知。

　　→如果你过度忙于工作而无暇顾及他人的个人问题。

　　→如果你看不懂别人的情绪，不知道别人什么时候开心或沮丧。

　　→如果有人在过去曾描述你粗鲁、傲慢。

　　→如果你需要花很长时间才能和别人变得熟络。

技能与性格特征保持一致

　　如果你在关怀心方面得分很高，你会发现表现出关心他人对你本质上有益。如果你很善于关心别人，你很可能具有洞察力和同理心，喜欢为别人提供支持。具备这种性格特质的你，可能会从一些行为中获得满足感，比如有礼貌和尊重地交流、让别人感到被重视和欣赏，以及让别人知道你理解他们的情绪。

5分钟领导习惯练习

　　以下练习将提高你表达关心的能力。

保持礼貌和尊重

　　大多数时间你都可能做到有礼貌和尊重他人，除非在压力或生气的情况下。使用这个练习，即使在压力下也能保持礼貌和尊重。在注意到哪怕是最轻微的失落或愤怒之后，说："谢谢你让我注意到这一点。让我思考一下，稍后再回复你。"

📝 使用关怀的短语

我们使用的语言反映了我们的态度和信念，反之亦然。你使用的关心的语言越多，你就越能融入到别人的幸福状态中去。使用以下练习，每天至少说一句关心他人的话。在听到别人表达了自己的担忧之后，要说一句关怀的话，比如："对我来说，解决你担忧的问题是很重要的。我想确保你的需求得到满足。"

📝 让别人感到被重视和欣赏

我们都希望自己的价值和贡献受到重视和赞赏。使用这个练习，每天要用电子邮件或亲自当面告诉至少一个人你重视并欣赏他的某些方面。在讨论结束或电子邮件的尾段，可以这样说："我希望你知道我重视 / 欣赏你。"例如，你可以说你重视此人对该问题的意见，或者欣赏他们的辛勤工作。

📝 定义情绪

承认和定义情绪是一种可以让别人知道你在关注他们，并且关心他们的幸福状态的强有力方式。使用以下练习直面对方情绪：在某人表达了某种情绪后，无论是当面表达还是通过电子邮件表达，快速与其讨论或回复，以了解他们为什么会有这种感觉。比如，"你似乎……（情绪），我想知道你是否愿意谈谈。"例如，你的同事可能会因为他的孩子通过了一门很难的数学考试而高兴，或者他可能会因为父亲患重病而感到难过。

技能 20：积极倾听 >>

积极倾听意味着倾听和理解他人，可通过提出富有见地的问题来核对自己的理解。在我们的研究中，我们发现了高效领导者在积极倾听时有以下微行为：

1. 提出开放式的问题，而非封闭式的问题。比如以"什么"（what）、"如何"（how）或"为什么"（why）开头的开放式问题。
2. 重述，总结并阐明你在对话过程中听到的内容。
3. 询问探究性问题以作深入了解，找出问题的根本原因。

为什么该项技能对领导力很重要

倾听是领导力的核心技能。如果你不倾听别人，你就无法理解团队中的问题，也无法准确地解决问题。不管你有多聪明，你都无法知道所有问题的答案。要想成为一名高效领导者，你需要与他人协商并向他们学习，而这需要具有强大的倾听技巧才能做到。如果你打断别人，结束他们的讲话，或者在别人说话的时候想自己接下来要说的内容而忽略别人的发言，你将得不到解决团队和组织中重要问题所需的答案。

在工作中，积极倾听有助于提高员工的满意度、参与度和工作表现。如果你倾听别人的意见，你就能向员工传达出你关心他们的意见和想法，并且在做决定的时候会考虑到他们。这种附加的意见不仅能提高你的决策质量，而且积极倾听你的员工，会让他们感到更被欣赏，参与度更高。

有以下迹象说明你需要提高该项技能：

→如果你不记得会议中讨论的内容。
→如果你经常让别人重复他们说过的话，因为你没有抓住重点。
→如果你打断别人或结束他们的讲话。
→如果你在别人讲话时想自己接下来要说的内容。
→如果你大部分时间都在讲话。

技能与性格特征保持一致

如果你在外向性格和关怀心方面得分较低，你可能会发现倾听本身是有价值的。如果你在性格外向的性格特质上分值低，你可能很沉着、保守，喜欢倾听。（相比之下，如果在性格外向上分值高，你可能会过于健谈，并不倾听别人说话。）如果你在关怀心方面分值高，你可能更有洞察力和同理心，喜欢与人相处并了解他们。如果以上两种性格特征你都有，那么你很可能会从以下行为中获得满足感，比如问开放式的问题、重复和总结别人说过的话、提出问题以便更深入地了解。

5 分钟领导习惯练习

以下练习将提高你积极倾听的能力。

📝 **问开放式的问题**

开放式问题可以鼓励人们多说话，为真正的对话创造机会，因为他们需要的不仅仅是一个简单的是或否的答案。使用该练习来养成以"什么"或"如何"作开头的提问习惯。例如你可以问："你对此持何种立场？""还有什么对你来说是重要的？""这与你的期望有什么不同？"

📝 **重申和总结**

重复和总结别人对你说的话，让他们知道你在倾听，并提供一个机会来核对你对所听到的内容的理解是否正确。使用以下练习养成习惯：当有人解释了他们的想法或经历后，可以说："我刚听你说的是……"

📝 **询问探究性问题**

好的探究性问题，特别是探索人们的假设的问题，能增加对信息的深入理解，促进批判性思维，并能帮助确定问题的根源。使用以下练习来养成询问别人潜在假设的习惯。听到别人在抱怨某事后，可以问："你说这话的时候是基于什么假设？"例如，你可能会抱怨某人缩短了你的会议时间，因为你认为那个人人品不好，但也可能他是有工作中的紧急情况需要应对。

技能 21：清晰沟通 >>

清晰沟通意味着撰写的信息由几个关键点组成，有针对性且条理清楚。在我们的研究中，我们发现了高效领导者在进行清晰沟通时有如下微行为：

1. 只在信息中包含相关的思想和信息，省略不相关或不必要的信息。

2. 使用清晰的结构并围绕几个关键点组织消息。

3. 以简短且有针对性的信息来回应，而不是使用数据让听众茫然无措。

为什么该项技能对领导力很重要

清晰沟通是领导力的核心技能。你的追随者从你身上寻找方向和优先事项。如果他们无法理解你要与他们沟通的内容，他们就不知道该做什么，你的团队的表现也会因此受到影响。本书中描述的所有其他领导技巧配合上清晰的沟通技巧后，都变得更加有效。

在工作中，清晰的沟通对于实现大部分的目标都很重要。这项技能特别有价值的一点是，它可以将你的产品和服务与竞争对手区分开来。将产品和服务从竞争市场中分离出来，是现代商业领袖面临的最困难的任务之一，因为大多数市场已经饱和，客户有许多选择。如果你能用简洁、到位、易于记忆的表述清晰说明这些差别，那你的客户就会理解为何你的产品会更好。

有以下迹象说明你需要提高该项技能：

→如果你在公众场合讲话会觉得不安。

→如果你是那种"凭感觉做事"的人。

→如果你在最后一分钟准备演示文稿，并不会进行排练。

→如果你不能给你的听众提供两三个关键的要点。

→如果别人评论你有多喜欢说话。

技能与性格特征保持一致

如果你在抱负心、外向性格和组织性方面得分高，你会发现清晰沟通对你有很多好处。如果你有抱负心，那么你可能充满自信又精力充沛。如果你很外向，你可能很有魅力又健谈，充满活力和热情，喜欢和别人交流。如果你很有组织性，你可能有条理、有规则而且勤奋，喜欢组织自己的想法。以上这些性格特质你都有的话，你可能会从以下行为中获得满足感，比如在交流表述中只包含相关信息，以及会围绕关键点来组织信息。

5 分钟领导习惯练习

以下练习将提高你清晰沟通的能力。

📝 仅包含相关想法和信息

保持你表述的信息焦点突出，只包含相关思想和信息。练习养成不说不必要单词的习惯：写完一封邮件后，再读一遍，尽可能多地删去不必要的单词，甚至问问自己："你能删掉这一整句话吗？"

围绕关键点组织信息

表述信息的结构和你选择的词语一样重要。围绕几个关键点组织起来的表述信息比没有清晰结构的信息更有效。在你开始写一份新文件（电子邮件，备忘录，演示文稿等）之前，使用这个练习来养成写大纲的习惯。在打开一个新 WORD 文档后，快速列出你希望读者 / 听众从中获取的三个要点。

用简洁精准的讯息回应

人们很容易被复杂的讯息和过多的信息所淹没。即使是在处理复杂的问题时，也最好保持单条讯息能聚焦于一个明确、单一的目标。使用以下练习，训练自己在回应别人时心中只有一个明确的目标。读完一封电子邮件后，问问自己："我的最终目标是什么？我想要这个人在什么方面换一种方式来做？"把它写下来，然后基于这个目标来回应。例如，如果你的最终目标可能是安抚相关的客户，你会希望客户对你的回应感到满意。

技能 22：魅力交谈
>>

讲话富有魅力意味着充满活力和激情地交流，并且经常使用故事、明喻和隐喻来使你的信息更有说服力、更令人难忘。在我们的研究中，我们发现了高效领导者魅力交谈时有以下微行为：

1. 在信息交流或演讲展示中精力充沛、保持兴奋和激情地沟通。
2. 让人们想象一个不同的未来，并使用生动、引人入胜和高影响力的词语，如断言、出现、增强、升级、表现、宣告、强化和揭开等。
3. 用故事、明喻和隐喻来传达想法。

为什么该项技能对领导力很重要

激情和能量具有传染性。富有魅力地讲话会帮助你激励并激发你的追随者，号召他们行动起来。但如果你的讲话风格平淡无奇，人们就不再会关注，也不会记得你说了什么。当面对大量观众时，你可能会感到害羞或紧张。

也许你对这个话题不感兴趣，或者你并不关心公司的愿景，再或者你经常感到压力、疲惫、不堪重负，那么，你给别人留下的印象将是毫无活力。

在工作中，有魅力地谈话将帮助你与你的团队成员建立联系，让他们更专注、更好地投入工作，并激励他们按时完成项目。如果你自己都显得心不在焉、缺乏热情，你就不能指望其他人会对团队的工作和公司的发展方向感到激动兴奋。

有以下迹象说明你需要提高该项技能：

→如果你单调乏味，并非充满活力的那类人。
→如果你害羞，在和别人说话的时候会感到紧张。

→如果你很难表现出你的热情。

→如果你经常在互动中感到疲惫和缺乏精力。

技能与性格特征保持一致

如果你在抱负心和外向性格两项上得分都高，你就会发现富有魅力地交谈对你有好处。如果你抱负心方面分值高，那么你可能充满自信且精力充沛。如果外向性格上特征值高，你可能富有魅力又健谈、充满活力和热情，喜欢和别人交流。这两项性格特征你都有的话，你很可能会从以下行为中获得满足感，比如富有激情地进行交流、使用生动有力的语言，以及用故事和明喻来传达思想。

5 分钟领导习惯练习

下面的练习将让你讲话更有魅力。

展示你的激情

当其他人（交谈时）充满激情、精力充沛或激动兴奋时，我们自然会更有兴趣回应。

养成每天都表现出兴奋的习惯，会帮助你变得更有魅力和有趣。使用以下练习：在和某人打招呼之后，用你感兴趣的故事、引文、信息或统计数据开始闲聊，"我发现这个故事很有趣……"例如，你可以说你发现 65% 的苹果手机用户说他们没有手机就无法生活。

📝 让人们想象

给别人创造一个生动的体验，让他们想象一个不同的未来，可执行以下练习：讨论完一个问题后，让此人想象一个不同的结果，说："想象一下如果……情况会有什么不同。"比如，你让这个人想象一下如果他们的问题突然消失了，情况会有多么不同。

📝 使用明喻和隐喻

明喻和隐喻会让你的描述更生动，更吸引人。你可以练习使用明喻来表达你的想法。在陈述了你的想法之后，快速思考它会让你想起什么，说："就像……"例如，你可能会把一款用于清洁牙齿的智能手机应用描述为"像 Fitbit 一样，它可以帮助你记录刷牙和使用牙线清洁牙齿的频率"。

第四部分

鼓励他人发展新技能

第八章

Chapter 8

激励改变

8

在这本书的前三部分中，你学习了领导习惯公式是如何运作的，以及如何使用它来成为一个更好的领导者。而第四部分适用于那些希望帮助其他人发展领导力的人。

无论你的身份是家长、教师、体育教练、公司管理人员、人力资源或组织发展的专业人员、领导力顾问、执行教练或生活教练，还是其他任何指导性角色，以下章节为实践领导力公式提供了各种场景的指导，从一对一、团队情景到正式项目。在你学习如何使用这个公式作为指导和辅导工具之前，你需要先了解人们如何找到改变行为的动机。

习惯始于动力也终于动力

作为一个导师或教练，你知道要习得新技能和新行为需要艰辛的努力和毅力。你也知道，与任何改变一样，在个人发展方面，成功与失败的区别往往源于动机。如果人们没有真正的动力去改变，那么他们就不会有动力付出必要的努力去实现改变。学习领导力技巧也是如此，因为它需要改掉诸如酗酒一类的坏习惯。因此，领导习惯公式只有在人们被激励着坚持每日练习，并最终成为习惯的时候才有效，这并不奇怪。

但问题是，大多数人在进入领导力发展阶段时，都会受到以往自我学习或职业发展培训的影响。他们经历了无数个小时的课堂培训，尝试过每一种新兴的管理培训风潮，但一直以来的结果却让他们失望。当人们不相信更多的训练会对他们的生活产生影响时，他们就很难有动力去接受更多的训练，也很难承认自己需要提高技能。我们中的许多人都像急诊室护士劳拉一样，意识不到自己的弱点，而且确信自己已经是卓有成效的领导者了。

作为一名导师或教练，你的挑战是帮助人们找到改变的动力，通过集中的、持续的练习来塑造新习惯和发展新技能。但正如你了解的那样，这说起来容易做起来难——人类对改变极其抗拒——但实现改变也并非不可能。一旦人们受到激励，他们能够完成几乎任何事情。

露丝的故事

也许最令人印象深刻的习惯改变是当一个人克服了成瘾的陋习的时候。致力于研究不良习惯和行为改变的威廉·米勒（William R. Miller），将成瘾描述为一个根本的动机问题——尽管有许多负面后果，成瘾者仍然坚持他或她的成瘾行为，这是违反常识的。

　　这里我将通过分享露丝的故事，来告诉大家这是怎么实现的。当露丝周一早上在医院醒来时，她才 31 岁，刚从一次意外服药过量中恢复过来。她把周日都用来自己一人喝酒了，还服用了抗焦虑药进行自我治疗。

　　她一直试图用酒精和药物来让自己镇静下来。前一天晚上，也就是周六，露丝在一次社交活动上喝醉了，她在客户和同事面前开了个可怕的玩笑，一个非常露骨的低级笑话，小组里的每个人当时都立刻脸红了。每个人都觉得很不舒服，如果可以，他们宁愿假装这些话从来没有从露丝口中说出来过。但是露丝确实说过这些话，而且不可否认的是，她在工作场合中喝醉了。

　　事情发生后，她的同事和客户们整个晚上都选择避开她，她在随后的几个小时里都为自己说的话感到痛苦后悔。这并不是第一次因酒精引起的悔过——事实上，多年来，朋友和家人之间关于醉酒状态的、不经考虑的、不恰当的评论已经成为她的家常便饭——但这次比往常更糟糕，因为它发生在一个商业场合。到了星期天早上，露丝发现自己淹没在自我厌恶、羞耻和内疚中。虽然处于宿醉的状态，她还是决定再喝杯酒，相信吃片药会让她感觉好点。然而，这并没有实现。她回想得越多，因喝酒误事的那些令人不快的回忆就越多地涌入脑海，感觉也越糟糕。所以她选择继续喝酒和吃药。这种情况持续了一整天，直到她昏迷不醒，最终进了急诊室。

　　露丝是个酗酒者这一点，大概不会让你感到惊讶。然而，可能让你惊讶的是，直到在医院里因服药过量醒来后，露丝才意识到自己是个酗酒者。露丝并不是从未考虑过她是个酗酒者的可能。事实上，她在早几年前就怀疑过自己是否有酗酒的问题，当时她 26 岁，在一个陌生人家里醒来，根本不记得自己身在何处，也不记得自己是如何到达那里的。被自己的失控吓到之后，她当天去参加了一个匿名戒酒互助会，决定戒酒。三个月过去了，连一滴酒都没喝，她想："如果我都能坚持这么久，我就没有酗酒问题。"她给自己买了一瓶好酒来庆祝，那天晚上她独自一人喝酒了，然后重新回到了坏习惯中，却没有意识到自己的否认。

这成了露丝的行为模式：她会酗酒一段时间，然后完全戒酒几个月，以确保自己没有任何问题，然后再开始喝酒。她多年来一直重复着这一模式，却坚决否认这点，直到被自己服药过量的事实震惊到，不得不面对现实。服药过量让露丝陷入了"谷底"，在医院醒来后，她再也无法否认自己的瘾症，也无法为自己自我毁灭的行为找借口。她终于承认自己是个酗酒者，而她唯一能改变自己生活的方法就是改变自己的习惯，永远戒酒。

服药过量几天后，露丝开始接受治疗，她重新加入戒酒互助会，并聘请了一位私人教练，从那以后她再没喝过酒。如今，她是一位屡获殊荣的室内设计师。她的作品出现在著名的家庭杂志上，她经营着自己的公司，在美国各地设计住宅和商业空间，作品遍布纽约、旧金山、芝加哥、西雅图和丹佛。改变自己的生活并不容易，但她成功了，因为她在跌到谷底时找到了动力。

自我形象、内部张力和变革性见解

那些跌入过"谷底"的人的定义是什么呢？通常他们被描述为警醒自己的生活，必须要做出艰难改变的人。研究人员发现，对于酗酒和吸毒的人来说，跌入谷底的状态是判断一个人是否会寻求彻底治疗，以恢复清醒的最佳预测因素之一。个人经历催生的动机是强大的，这点可以从露丝和许多其他人的经历中看出来。虽然这点普遍遭到人们的误解。

　　根据普遍观点，触底帮助人们认识到自己行为的负面后果。正是希望自己在未来避免这些负面后果的想法，激励着他们去改变。在露丝的例子中，人们以为露丝是出于对死亡的恐惧而戒酒。然而，这种解读是错误的。露丝因过量饮酒选择戒酒，并不是因为这让她明白喝酒会破坏她的人际关系，危及她的生命，而是因为这让她重新审视自己的自我形象，她意识到自己的行为，与过去自己认为的并不一致。在医院醒来之前，她一直相信自己是一个成功的、目标高远的年轻职业女性，能够做出明智决定，掌控自己的生活。她一直通过自我否认来说服自己，相信经常多喝点儿酒的习惯与她的自我形象并不矛盾。但是独自一人喝酒并用药物自我治疗，喝到被紧急送去急诊的状况是什么？这并不是她原本设想的人生的样子。她第一次看穿了自己的否认，承认自己是个酗酒者。直到那时，她才有动力去寻求治疗并改变自己的行为。

　　触底是一种情感上的、通常状态是消极的且高度主观的体验——触底的构成要素因人而异。尽管存在主观性，但所有这些经历都有两个共同点：迫使他们重新评估自我形象，意识到自己行为与自我形象相冲突，最终产生想要实现重大转变的想法。

　　为了理解转变想法是如何产生的，孟菲斯大学的研究人员对那些在生活中做出巨大改变的人进行了研究。研究人员发现，人们通常在面对痛苦或不确定的经历时，产生重大转变的想法。例如，该研究的一位参与者在对家乡进行了一次不愉快的访问后，决定放弃其祖国的文化并重新定义自我形象。另一个参与者在经历了贫困和连续三天找不到食物之后，意识到要学会依靠自己。

本研究中的人们，就像露丝一样，当一个意料之外的情况使他们质疑自己的自我形象，并意识到他们对于自己的认识是不对的，而后想要做出重大改变。这种经历让他们痛苦到动摇了自己是谁的内在信念。他们无法轻易地忽略所发生的事情——没有否认的余地了——他们不能为自己的经历找到合理理由，也无法解释清楚。唯一的选择就是做点什么。

就像露丝那样，人们面对消极的现实状况时，内心会变得紧张。露丝感受到的内在张力使她对自己过去的行为进行了诚实的思考，将这些行为与她原本设想的人生（她的自我形象）进行了对比，并探讨了她的现实行为与自我形象之间的冲突，让她意识到冲突最根本地意味着什么。这种冲突引起的强烈情绪和困惑，引得露丝对自己有了更好的理解，并让她产生了要转变的想法（我是一个酗酒者，我需要改变我的生活，恢复清醒）。这种新认知激发了露丝戒酒和改变习惯的动力，使她的行为符合她设想的自我形象。

在指导或辅导他人时，唯有当这个人有动力去改变时，你才能成功。你可能忍不住想要拿负面的后果比如失业的威胁，来激励他们。千万不要这样，这会适得其反，只会产生阻力，我将在本章后面讨论。相反，专注于帮助人们产生实现转变的想法，才能创造想去改变的真正动机。

无技能者不自知

改变自身的想法并不是随时都能有的，但对于某些人来说，实现这个想法比预想中更难。我们来做一个快速实验：与你所在地区的其他司机相比，你比大家的平均水平要强吗？与平均水平相同，还是低于平均水平？

或许你和大多数人一样，相信自己是一个比平均水平好的司机。然而事实上，当俄勒冈大学的研究人员在一项调查中提出同样的问题时，93% 的人认为自己的驾驶能力优于平均水平。这个发现违背了数学上的概率论——根据平均的定义，不可能出现 93% 的人成为比平均水平更好的司机。诚然，在这个过度简化的情景中，平均值意味着所有司机平均分布的中间点，所以会有一半的司机比平均水平更差，而另一半会更好。但人们不是这样看待自己的。不管参加什么活动，人们总是认为自己比平均水平优秀。

这并不奇怪。正如你在第五章中回忆的，人们通常不善于自我评估，他们倾向于过分高估自己的能力，并夸大自己的自我形象。然而，可能让你惊讶的是，这种效应在水平最差的人身上表现得最为明显。在任务中表现最差的人反而拥有最不切实际的自我形象——他们认为自己比实际情况要好得多。

一个简单的大学生实验证明了这种效果。完成一次课堂考试后，在看到自己的成绩之前，研究人员要求学生预估他们正确回答了多少问题。正如预想的一样，人们倾向于高估自己的能力，平均来说，学生们认为他们对课程材料的了解，比他们在测试中的表现高出 22% 的水平。然后，研究人员根据学生的实际考试成绩将他们分成四组。当研究人员研究最差那四分之一学生（表现最差的学生）的预估时，他们发现了真正令人担忧的东西：表现最差的那组比其他两组更加严重地高估了自己的能力。平均而言，在考试中得分最低的学生认为他们对课程内容的了解比他们实际所做的要好得多，并且达到了令人震惊的48%——是所有高估学生数据总和的两倍多。

为什么表现最差的人都认为自己比实际表现得好，甚至比其他人好得多呢？首先，那些没有技能的人，难以准确评估他们究竟还要多久才能熟练掌握什么——他们并不知道自己未知的是什么。当人们第一次学习一项技能时，他们会犯错误。这是自然的，有了适当的反馈，我们犯的错误就能帮助我们改善自己的表现。但是，那些完全缺乏这种技能的人并没有从这个学习周期中获益，他们甚至无法识别他们何时犯了错误。如果你不知道自己在犯错误，那么你很自然会高估自己的能力。对于没有技能的人来说，无知成了双重诅咒。他们会犯很多错误，因为他们缺乏必要的技能，而他们缺乏技能又使他们不可能识别出自己是在何时犯错。他们意识不到自己的不足和错误，不知道自己需要提高技能，所以他们在生活中毫无头绪，认为自己比实际表现得更好。

还记得急诊室护士劳拉对自己没有被提升到管理层感到惊讶吗？约翰也不知道其他人认为他专制霸道，还对他们关心的问题毫不在意。两个人都缺乏关键的领导技能，但他们认为自己已经准备好进入更重要的领导角色，因为他们都没意识到自己的无知。劳拉不知道她是一个不好的倾听者，她的同事认为她好争辩，爱挖苦人，而且很难共事。因为她缺乏积极的倾听技巧，她并不知道做一个好的倾听者意味着什么，也不知道自己的行为离理想行为还有多少距离。同样，约翰不知道人们对他的领导风格感到不满，也不知道他被认为对大家的工作漠不关心。他没有意识到自己的错误，他把别人的服从解读为承诺。

　　无技能的人的的确确是无知的。他们不知道自己不知道什么，他们甚至没有意识到自己何时犯了错误。想要提高他们的技能，他们必须先有想要转变的想法，帮他们意识到自己缺乏技能，然后激励自己投入必要的努力来改变自己的行为。然而，传统的领导能力培养项目的培训和指导方法，很少能给任何人带来想要实现转变的想法，无论是缺乏技能的人还是其他人员。这是为什么呢？

　　因为我们被教导说，给予批评性反馈是让人们改变的最好方式，而事实上，没有什么比这个更偏离事实的真相了。

批评性反馈不会产生改变动机

　　在伊索的《狐狸与葡萄》的寓言中，有一天，一只口渴的狐狸遇到了一串悬挂在葡萄藤上的葡萄。葡萄是狐狸解渴所需的东西，但它们离地面很远。狐狸跳起来够葡萄，但抓不到。它又试了一次，这次还加上了助跑，但葡萄还是太高了。狐狸很不高兴，因为它够不到葡萄。面朝葡萄，它心想："葡萄一定是酸的。"

　　伊索寓言深刻地说明了人类的否认倾向。就像狐狸一样，人们倾向于为他们的失败和缺点开脱，而不是承认。这种倾向在今天依旧和古希腊时一样普遍，尤其是在批评性反馈方面。

　　想象一下，你去看医生做年度体检。护士会测量你的体温和血压，并给你提供一系列与健康相关的问卷。然后，医生来到房间，告诉你一种新发现的叫作"TAA 缺乏症"的疾病，这种情况下的人体不能产生一种叫作硫胺乙酰酶的酶。虽然你现在可能没有任何症状，但你的医生解释说，这种情况可能会在未来的生活中导致严重的健康问题。她向你提供了一个简单的唾液测试的选择，该测试是在 6 个月前开发出来的。你同意了。所以你将一点唾液吐入杯中，将一张无色条状纸浸入杯中，等待纸带变成深绿色。你的医生解释说，试纸通过改变颜色对唾液中 TAA 的存在做出反应。但如果你的唾液中不含 TAA（当你有缺陷时），测试纸将保持不变。你等了几秒钟看看，纸并没有变色。你再给它几秒钟，还是什么改变都没有。问题开始在你的脑海里涌现。你真的有 TAA 缺陷症吗？情况到底有多严重？唾液测试真的准确吗？

你可能已经猜到，TAA 缺乏并不是什么真正的健康问题。它是肯特州立大学的研究人员进行的一项心理学实验的一部分，以测试人们对负面反馈的反应。使用与上述情况相似的情景，一些大学生被告知他们有 TAA 缺陷，因为他们的试纸（只是一张普通的工作用纸）在接触到唾液后没有变成绿色；另一些学生被告知，没有改变的试纸意味着他们是健康的，没有这种状况。研究人员测量了学生对不良诊断的反应的兴趣程度。他们要求所有参与者评估他们认为疾病的严重程度，以及他们认为唾液测试的准确程度。

就像伊索寓言里的狐狸说服自己够不到的葡萄一定是酸的一样，被欺骗认定为有 TAA 缺陷的学生对结果予以否认。与对照组的"健康"学生相比，他们认为这种情况不那么严重，也更常见。被骗的学生认为的唾液测试的准确率也低于健康学生组。

当被要求思考最近生活中的不规范行为时，被告知患有 TAA 缺陷的学生比健康组的学生写下更多的例子。面对不利的信息，被骗的学生尽力用其他理由否定他们的阳性测试结果。

为什么这些学生对测试结果如此不屑一顾？为什么他们不能接

受这个诊断呢？这是因为结果与他们的自我形象相矛盾。大多数人认为自己很健康，这是他们自我的一部分。当学生们面对与他们自我形象相矛盾的健康信息时，就产生了露丝在服药过量后所经历的那种内在紧张感，尽管他们自己没意识到，在那之后他们立即开始寻找消除这种紧张感的方法。

人们用不同的方式来描述内心的紧张——他们可能称之为压力或焦虑，或者不甚清醒的大脑，再或者是恐惧、内疚或羞愧的感觉，以及其他一些负面情绪或感觉。不管如何描述，内心的紧张都不是舒服的体验，因为我们通常喜欢以与自我形象一致的方式行事。回想一下你在第四章读到的送比萨的司机和房主。一旦送货司机开始认为自己是安全的驾驶员，他们不仅会系安全带，还会使用转向灯，因为这两种行为都是安全的驾驶员会做的。同样地，一旦房主们开始认为自己是安全驾驶的支持者，他们就愿意在前院安装一块巨大的广告牌，因为他们认为这是倡导安全驾驶的人会做的事情。

要记住的重要一点是，当人们的行为与他们定义的自我相符时，人们会感到最为舒适。这是避免内心紧张的好策略。但当人们做一些与自我形象相矛盾的事情时，他们会感受到不一致带来的痛苦，并尽最大努力去避开它。

当人们从与自我形象不一致的事物中感受到内部紧张时，他们只能做三件事来让他们恢复平衡：（1）排除、忽略或把其视为例外解释过去；（2）改变自己的行为；（3）改变自己的自我形象。

当然，选项1——否认——是最容易的，我们都有过很多类似的经历。苦苦挣扎的节食者想："昨天我做得太好了，今天我可以作弊，吃掉那块饼干。"正在康复的酗酒者认为："我三个月没喝酒了，所以我肯定不会上瘾。"天真的员工疑惑："我的老板不喜欢我，这就是为什么她要给我这个负面的绩效评估。"选项2和3要困难得多，因为改变行为和改变自我形象都需要花费大量的时间和精力。相比之下，拒绝是解决内部紧张的一种快速方式，而且几乎毫不费力。难怪这是处理与自我认知相矛盾的信息时最受欢迎的选择——尤其是批判性反馈。

在亚利桑那州立大学（Arizona State University），研究人员要求在职MBA学生对自己的26项领导技能进行打分，并向老板提交类似的调查问卷。在看到老板的反馈后，对学生们进行了调查以了解他们对反馈的准确程度的看法。鉴于人们倾向于高估自己的能力，学生从老板那里得到的评价越高，学生就越认为反馈是准确的。更好的反馈与学生们对自己能力的夸大认知相一致，从而与他们的自我形象相一致，使他们更有可能接受反馈。

但是当反馈是批评性的，并且与学生的自我形象相矛盾时，会发生什么呢？为了研究这个问题，研究人员从学生的自我评估评分中减去了学生老板的评分。例如，如果一个学生在一项技能上给自己打了5分，而他的老板给他打了3分，那么差距就是5-3=2。这个"差异数值"越大，老板的反馈就越不同于个人定位的自我形象。在分析数据后，研究人员发现学生的差异数值与他们对反馈准确性的感知之间存在负相关。换句话说，当老板给学生的分数低于学生给自己的分数时，学生们不相信反馈是准确的。此外，学生的自我评分和老板的评分之间的差距越大，学生们越认为老板的批评反馈不准确。

从亚利桑那州立大学的研究中得出的结论很简单，批评的反馈与我们的自我形象差得越远，我们就越有可能忽视或使其合理化。如果你曾经受到过批评，你可能不会对这个发现感到惊讶。

事实上，这对缺乏技能、表现最差的人来说是一个相当特殊的问题。请记住，正是那些表现最差的人最愿意高估自己的能力，他们的自我形象与现实相距甚远。当他们收到批评性反馈时，批评内容在他们看来是完全不准确的，因为这与他们对自己的看法大相径庭。在他们看来，他们不可能表现不好（记住，他们对自己的错误一无所知），所以他们直接选择了第一项——否认："他对我有偏见。他并不真正了解我。这是我第一次听到这个，所以不可能是真的。我只是今天过得不顺。"合理化的清单几乎是无限的，试图对抗它们是徒劳的，因为你只会引来更多的否认和更多的抵抗。只要有人在否认，最终的结果总是一样的，这个人不会获得转变性的想法，也不会有动力去改变。

我们错误地认为，批评性反馈会促使人们做出改变，就像我们对"触底体验"是改变人生经历的原因的误解一样，这一切都源于人们会改变行为以避免负面后果的错误观念。提供批评性反馈的标准方法——即直接或间接地告诉人们"改变或其他"——是试图创造消极的结果促使他们改变的方法。但正如你所看到的，这种方法几乎肯定会适得其反，尤其是对那些最需要发展技能和养成新习惯的人来说。人们收到的批评性反馈通常与他们的自我形象不一致，对于表现最差的人更是如此。人们对这种不一致导致的内在紧张做出的反应，就是不管反馈多么客观合理，他们都认为批评是不准确的。面对对否认感到沮丧的人，我们通常会选择建议或强迫他们去接受训练，但建议和强迫不会促使产生改变的动力。我们的建议被忽视了，人们过去的那些培训对提高他们的技能几乎没有什么帮助，而徒劳无功的循环又一直在重复。但肯定有另一种方式，你可以作为一个教练或导师，帮助别人获得他们需要改变的变革性的见解。

　　值得庆幸的是，这一切都是从把你的批评和建议留给自己开始的。

把你的忠告留给自己

　　在 20 世纪 80 年代之前，成瘾治疗的标准方法类似于当今大多数领导力发展项目的运作方式——将改变强加于人，治疗通常由充满专家建议的强制性解决方案组成，拒绝抗拒和动力匮乏被认为是患者自身的问题。

　　20 世纪 80 年代早期，临床心理学家威廉·米勒开始以新的视角看待患者的抵触行为，正是他的见解改变了成瘾治疗的过程。米勒并没有将抗拒抵触和动力不足视为患者的错，而是开始将其视为治疗师引起的问题。米勒知道治疗师并不是想要让他们的病人产生抗拒或降低动力，但他们采用的强制性和对抗性的方法却产生了这种效果，即便上述方法是当时公认的治疗标准方法。为了改变这种适得其反的情况，他发明了一种名为动机性访谈的新治疗方法。

　　动机性访谈是基于这样一个原则：改变的动机必须来自于一个人的内心，它不能被强加于人，也没有人可以被强迫改变。你可能会认为这种方法削弱了治疗师的作用——他们所能做的就是等待时机，等到病人产生想要改变的想法——但事实并非如此。相反，治疗师通过积极助推患者自我形象和现实行为之间的内在张力（内在矛盾），引导患者产生想去转变的想法。通过这种方式，治疗师帮助患者找到改变的内在动力。

　　为了更好地理解动机性访谈和大多数人都熟悉的对抗性方法之

间的区别，让我们回到急诊室护士劳拉的案例上来，想象一下如果我尝试用批判性反馈和建议的方式来让她改变行为，我和她的指导性讨论将会如何展开：

我：劳拉，我有一些重要的反馈要和你分享。你的同事告诉我你和他们争论不休，而且你不听他们讲话。让我给你一些建议：人们不喜欢为那种喜欢争论又不善于倾听的经理工作。如果你想升职，你应该提高下你的倾听技能。

劳拉：谁告诉你的？

我：你在急诊室的同事。

劳拉：我知道你跟谁谈过。我们科室有几个人不喜欢我。这就是他们告诉你那个的原因。

我：和我分享了这些反馈并不只是那几个同事。

劳拉：好吧，但我可能只是那天过得倒霉而已。我的工作压力很大。

我：我知道你的工作压力很大，你可能会在某一天、某个地方过得很糟糕，但目前你的行为会让你的人际关系变得紧张并阻碍你升职。

劳拉：我不相信。我不是好争论的人，而且我很善于倾听。这是我第一次听到这样的反馈。如果我一直是个好争论的人，其他人早就会告诉我了。

注意看这场谈话有多快变成了争论，劳拉十分质疑我所提出的批评反馈的有效性。当我对她提出批评时，劳拉立即给出反驳，寻找我这些反馈不准确的原因。

　　我的每一次反驳都遭到了劳拉的一次辩解，而每一轮的反驳都只会让劳拉对批评性的反馈以及我坚持她需要改变自己行为的看法更加抵触。

　　当我们试图通过批评性的反馈或建议来改变别人的行为时，通常脚本就是这么演绎的。最终让我们站到了我们试图帮助的人的对立面，在这个过程中，我们促使他们提出更多反对改变的论点，使他们有更少的动力去改变，更加坚持他们对建议的否认。

　　现在，你应该明白为什么批评的反馈和建议不能给你带来改变的动力了吧。它们直接与我们的自我形象相矛盾，导致人们用对建议予以否定和合理辩解的方式回应。接受反馈会产生令人不安的内在紧张感，因为我们不得不承认我们的行为与我们的自我形象不一致，不得不承认我们需要为此做些什么。对个人来说，把反馈（的行为）当作例外，或者争辩为什么这个建议行不通显然容易得多。

　　现在让我们看看动机性访谈会如何改变我和劳拉的对话：

　　我：劳拉，我知道你想进入管理层。是这样吗？

　　劳拉：是的，这就是我职业生涯的下一步。

　　我：这是一个很棒的目标。你对这个职位的哪一点感兴趣？

　　劳拉：在我的职业生涯中，我遇到过很多糟糕的经理，我认为我可以做得更好。此外，我一直把自己看作是能够帮助患者和同事的领导者。

　　我：你已经遇到过许多糟糕的领导者。

　　劳拉：是的，他们中的大多数人都像独裁者一样命令周围的人，而不是真正倾听他们的员工。当有人站出来说话的时候，他们就会进入防御状态并争论不休。

我：这些失败的经理人只会给你下命令，却不会听你的讲话。有时他们还会争辩不休。

劳拉：是的，没错。我想我能做得更好。

我：太好了。优秀的管理人员对每个组织来说都是越多越好。你认为你的哪些优点可以帮助你成为一名优秀的经理？

劳拉：我很坦率，平易近人。我认为让人们在经理身边感到舒适，并且能够开诚布公地谈论每件事是很重要的。

我：你重视坦率开明和平易近人这点，并将其视为你成为优秀经理的重要特征。

劳拉：是的，是这样。当你的经理能够倾听你的讲话内容，情况就大不一样了。

我：当然，这会让员工感到自己是被倾听和欣赏的。作为一名经理，倾听是一项非常重要的技能。你是否总是特别注意倾听你的患者和同事的讲话？

劳拉：是的。嗯，有时候，当我感到有压力或者工作很忙的时候，我可能听得就少些。

我：你说你可能"听得少"是什么意思？

劳拉：有时我没有时间听，所以我只是告诉他们该做什么。

我：当你感到有压力，或者工作太忙时，你就不会倾听太多。

劳拉：是的，你可以这么说。

我：这种情况经常发生吗？你多久会在工作中感到压力？

劳拉：非常常见。我在急诊室工作，所以总是有很多事情发生。

我：当你有压力的时候，你往往会不太听别人讲话。

劳拉：是的，是这样。现在我仔细想的话，我有很多压力。所以我可能不像我想的那么善于倾听。哇哦！

注意第二个例子的走向有多么不同。当我不给劳拉批判性的反馈或建议时，我并没有引起她的抵触。我们没有争吵，因为我并没有驳斥她的自我形象。相反，我给出了肯定的答复，比如"这是一个非常棒的目标"，并总结了她告诉我的内容，问了她一些问题来引导对话。整个过程不具威胁性，我温和地帮她在坦率开明和平易近人的自我形象与对人苛刻的行为之间生成一种内在矛盾。通过给她空间让她自己去探索这种不一致，我让她意识到，她并不像她想象的那样善于倾听。这是一次积极的经历，而不是一场争吵。劳拉想要转变的想法来自她自己的言辞，而非我的。这就是动机性访谈是如何帮助人们找到改变的动机的。

动机性访谈几乎适用于任何情况。在对 72 项科学研究的回顾中，在比较动机访谈和提供建议的有效性方面发现，动机访谈在大约 80% 的研究中产生了更好的结果。动机性访谈在减肥、健身、糖尿病、哮喘和饮酒的情形中比给予建议有效得多。此外，即使是仅仅持续 15 分钟的简短的动机性访谈互动，也有 64% 的研究产生了影响。

通常，当教练和导师第一次学习动机性访谈时，他们会把它看作是在风险不高时可尝试的一种工具，但在风险很高、迫切需要改变的、更严重的情况下，他们会继续依赖批判性反馈和建议。不要犯这个错误。如果你想帮助别人改变，把你的建议留给自己吧，请记住他们改变的动力必须来自他们内心。如果你试图通过批评性的反馈或建议或其他对抗的方法来强加给对方，你很可能会引发一场适得其反的争论，引起对方的抵触，并最终降低此人的动力。批判性的反馈和建议通常只会激励人们想出更多的理由，来解释为什么他们不应该改变。相反，使用动机性访谈作为一种支持性的、非对抗性的方式来帮助他人寻找内在冲突，会更好地引导他们产生转变的想法。

发展内在紧张感

在艾滋病毒／艾滋病流行的高峰期，心理学家们急于设计出干预措施，通过使用安全套来减少艾滋病毒在性行为活跃的成年人中的传播。许多政府和健康组织都以小册子、讲座和教育视频的形式提供避孕套使用方面的建议，但现在心理学家们知道，单靠建议并不能产生预期的行为改变。他们需要找到方法来发展人们内心的紧张感。而在那个时代开创的此类干预被称为"虚伪诱导"。

前提很简单，你可以通过两个步骤让人产生内在的紧张。首先，你要让人们表明其支持良好行为——在这个案例中，是使用安全套来防止艾滋病的传播。然后，你让他们描述一下他们最近本应该采取该种行为但是没有的情形，例如，他们没有使用安全套来预防艾滋病。就这样，人们内在的紧张就产生了，改变的种子已经播下。

在这个实验中，加州大学圣克鲁兹分校的大学生们认为，他们正在帮助开展艾滋病预防运动。具体来说，他们被要求阅读有关病毒的信息，并用它来制作简短的演讲向高中生展示。他们在视频中记录了自己的演讲，然后被要求描述他们最近没有使用安全套的情况。之后，管理问卷的研究人员询问了他们过去使用安全套的频率和未来使用的打算。

研究人员发现，那些接受过"虚伪诱导"的学生打算在未来更多地使用安全套。此外，当研究人员三个月后对参与者进行跟踪调查时，他们发现，在"虚伪诱导小组"中，学生使用安全套的频率实际上比那些只接收到有关艾滋病预防信息的学生要高。在后来的一项研究中，研究人员让学生在经历了虚伪诱导后，立即购买安全套，其中超过80%的学生购买了安全套。相比之下，在其他条件下只有30% ~ 50%的参与者购买安全套。虚伪诱导产生了动机，这些学生需要改变他们的行为。

虚伪诱导之所以有效，是因为当人们的行为与自我形象不一致时，就会产生内在的紧张感。这项技能的第一步，是通过促使个人支持一些被普遍认为良好的事物，比如安全驾驶、使用安全套或倾听员工的意见，来改善个人的自我形象。同样地，批判性的反馈和建议会促使人们提出反对改变的理由，但让人们为积极的事情辩护，会促使他们提出自己支持改变的理由。我在第二次与劳拉的讨论中使用了这个技巧，当时我请她阐明成为一名好经理意味着什么，以及她的优点如何帮助她成为一名好经理。在回答我的问题时，劳拉正在说明为什么优秀的管理者需要听取员工的意见。通过提出自己的观点，她巩固了自己的观点，即积极倾听是一项重要的领导技能，并将其与自己想成为一名优秀管理者的自我形象联系起来。

虚伪诱导的第二步更为棘手，因为如果你没有以正确方式引出该人行为的主题，你可能会引发抗拒，并迅速陷入你试图避免的那种徒劳的争论中。和劳拉一起，我以一个"总是型"问题开始，如"你总是很重视倾听病人和同事的意见吗"？"总是"和"永远"的问题之所以有用，是因为它们非常明确——人们不太可能总是或从不做某事。问这类问题是一种不具威胁性的方式，可以让人们暴露自己的例外情况。

你也可以引入虚伪诱导的第二步，把它作为对你感兴趣的事情的探索。例如，我可以说："我很好奇，想了解更多人是如何重视倾听别人的。"如果我们从反面来探讨这个问题，也许会更容易一些。另一种介绍第二步的方法是询问对方行为的积极属性。例如："倾听你的病人和同事有哪些好处？"在你探索了行为积极的一面之后，你就会把注意力转向"不那么好"的事情上。例如："倾听你的病人和与同事说话有什么不好吗？"如果你密切关注，你就能确定某人内心的紧张感可能出现在哪里，然后你就能从那里开始。劳拉可能会回应说："当我很忙或正处于危机之中时，倾听其他人需要花费太多时间。"这样就可以使谈话得出同样的结论。

要有耐心

人们必须找到改变的动力，每个人都要用自己的时间来做这件事。有一些人会迅速找到，但对其他一些人来说，想要转变的想法要很久才会出现。

等待一个人找到自己的动机可能会让你泄气，你可能感受到了压力，想要通过批评性反馈、建议和强制措施来加速进度。别这样做，对抗的方式只会适得其反，并导致你试图帮助的人更加抗拒改变。这和你想要的恰恰相反。记住，作为一名帮助他人改变行为的教练或导师，你最重要的任务就是避免让他们产生抵触情绪。激励谈话是一种有效的方法，但不要指望自己能马上成为这方面的专家。这是一套复杂的技巧，你需要花时间去掌握，然后转化为习惯。与此同时，你也不必成为激励访谈的专家，避免被指导者因此产生抵触情绪。在指导需要提高技能的人时，你需要专注倾听，总结对方在指导谈话中告诉你的内容。不要争论他或她做错了什么或者为什么改变很重要。相反，要有耐心并肯定对方的想法。如果合适的话，通过培养他或她的内在张力来播下一颗改变的种子。当这个人准备好改变的时候，对方会让你知道的。这是可以开始培养对方领导习惯的提示。

第九章

Chapter 9

培养领导习惯

不管你是否意识到，教导都是你日常生活的一部分。任何时候你都在帮助别人改变他们的行为，无论是你是出于职业原因还是身为家长的职责所在。当你的孩子在培养技能时，你实际上是在扮演教练的角色。你不需要心理学博士学位或教导机构的证书就可以做到这一点。如果你关心你所教导的人，想要看到他或她成功，那么你就已经满足了最重要的先决条件。也许学习者是一个在谈判技巧上苦苦挣扎的雇员，或是一个不善于倾听的朋友。也许是你的儿子，他不知道如何计划他的学校项目。又或者，学习者是你教会会众的一员，他似乎无法与他人建立牢固的关系。无论在哪种情形下，帮助别人成功学习新的技能和行为比你想象的要容易。你不需要每隔一周安排一次正式的培训课程，你不需要创建规则和结构，也不需要重新正式地定义你作为此人教练的角色；你所需要做的就是关注对方需要什么样的支持，然后在正确的时间说正确的话。

如果这听起来太简单，回去再读一遍第八章。不要陷入这样的思维陷阱：找到改变的动力取决于你。人们必须自己意识到有需要去改变，并且必须找到自己的动力去实现改变。如果你试图强迫什么，只会引发抗拒和抵触——你不能强迫人们学习新技能或改变他们的行为。你所能做的就是，在他们自己的人生发展旅程中支持他们。领导力发展也是如此。

在这一章中，我将概述如何将领导习惯公式应用到训练和指导的情境中。本章并不打算成为专业教练和职业顾问的全面指导指南，因为关于这个主题的书已经有很多了。相反，如果你想要帮别人培养更有效的领导习惯，你可以把它看作是帮你日常实践的入门读物。大多数人认为领导力培训是一种类似心理治疗的结构化的过程——你每个月或每两周安排一次长达一小时的会期。对于专业教练来说，这种模式很有效。但对于我们其他人来说，辅导不需要特定的结构或预先定义的过程。我们可以把辅导看作是一系列非正式的互动，当你花 10 分钟与员工一对一地反思他最近的工作任务时，你是在指导；当你在晚餐时鼓励你的女儿继续垒球训练时，你是在指导；当你在教会结束后和会众谈论建立更牢固的关系时，你是在指导；当你和你的朋友谈论如何更好地倾听时，你还是在指导。在日常互动中，你有能力影响别人的改变，让他们更成功地塑造自己的领导技能。

当然，为了在正确的时间说正确的事，你首先需要知道说什么，然后需要知道在何时说出来。这就是本章的内容。我将概述人们在应用领导者习惯公式时通常会经历的过程，重点介绍如何确定、识别人们在该过程中所处的位置，并解释他们在此过程中需要什么样的支持，以及你能如何提供这种支持。这些都不需要你安排正式的培训会期。在大多数情况下，最好让你的非正式指导互动保持简短，比如 10 分钟的电话，午餐时间的简单报备，或者附带的几句话就足够了。如果你是一位接受这种模式的经理，你可以将指导讨论融入到与员工的一对一定期会议中。如果你是一个用该公式来教孩子们新技能的家长，你可以在家庭晚餐时提供指导。如果你用这个公式来帮助朋友成长，你可以在徒步或喝茶的时候提供指导。重点是，使用领导习惯公式进行指导并不一定是正式的、碾压性的干预，在这种干预中，权威人物、朋友或家庭成员只会迫使某人改变。我们本章所说的指导是一些简短的互动，帮助人们在改变过程中找到适合自己的方法，以及建立有效的领导习惯来发展领导技能。

思考改变

丹尼尔脾气暴躁，他自己知道这一点。当我和丹尼尔共事时，让我感兴趣的不是他需要学会控制自己的脾气——很多人都有这个弱点——而是他高度清晰的自我认识。你看，丹尼尔很清楚发脾气会带来不好的后果，但他并没有动力去做任何事来改变他的行为。

丹尼尔是一家快速发展的软件公司的首席技术官，从很多方面来看，他都是一位出色的高管。他技术娴熟，他所管理的所有开发人员和工程师都很尊敬他。他把自己的团队管理得很好，对员工表现出极大的关心，并且头脑聪明。他能轻松地解决复杂的技术和组织问题，这为他在公司赢得了很高的声誉。从专业角度讲，他唯一的缺点就是他的脾气。

丹尼尔只有在压力下才会爆发。这一点对任何行业来说都不好，但如果你从事软件开发工作，你就会明白，为什么丹尼尔的弱点在其担任首席技术官这个角色时尤其成问题。截止时间和时间估算是每个开发人员的最大天敌。

大多数软件解决方案都很复杂，而且有很多未知因素，因此为新软件产品提供准确的发布日期几乎是不可能的。但在商业领域，项目需要最后期限。对于每个发布周期，丹尼尔都会煞费苦心地计划整个过程，从数据库架构到开发和测试，但是他的团队总是会落后于计划表几周甚至几个月才能完成任务。当然，这总会造成与其他部门的很多摩擦，尤其是销售和营销部门，他们需要为那些焦急等待的客户按时推出新软件。

在开发阶段接近尾声时，丹尼尔会时常发火，尤其是当他感到来自销售和营销的压力不断加剧时。在这些时候，以往平静而愉快的丹尼尔像是变成了一条随时喷火的龙。每当他觉得自己被施压催促时，他就会进入防御和愤怒的状态。发生这种情况时，跟他讲道理是完全没用的，他执行团队的同事们已经学会了在发布日期临近的时候不要催促他。对丹尼尔来说，他知道自己的情绪爆发是个问题，但尽管他自己认识到了这点，这种情绪循环仍在重复。

我总是知道何时丹尼尔要发布新软件了。因为沉寂一段时间后，他总是会打电话聊他压力有多大，及他对再次发脾气感觉有多糟糕。每次他在团队会议上生气，他都会后悔，担心这会损害他与其他高管的关系，损害他的职业声誉。他会谈到他有多么希望能控制住自己的愤怒。

我在第一次通话中犯了一个大错误。当时我对我的其他客户应用领导者习惯公式获得的成功感到兴奋，于是我告诉丹尼尔他可以通过每天5分钟的简短练习来改变他的行为。我认为他的自我认识和愿意谈论发脾气的负面后果，意味着他已经准备好改变自己的行为。但是，我的回应立即遭到了抵触，并提出了一大堆理由，解释为什么这种做法永远不会对他起作用。

我们很快就进入了我在第八章中描述的争论一反驳的循环，我们的谈话进入了死胡同。直到我们挂了电话，我才意识到我误判了情况。丹尼尔知道他做错了什么，他知道他需要去改变也知道改变的原因，他愿意谈论这个问题，但他还没有准备好采取行动。我必须在他的地方与他见面，然后提供支持，而不是提供如何改变行为的建议。

有了这个想法后，我调整了我的方法。下次丹尼尔打来电话时，我只是倾听并总结了他告诉我的内容，没有提出任何建议。当他讲完自己的各种懊悔后，我问他意识到自己脾气带来问题有多久了，他考虑改变又有多久了。"两年。"他回答道。几周过去了，另一个软件发布期又要到了，丹尼尔给我打了个电话，满是懊悔的语气，担心自己再次发脾气。我听着熟悉的故事，把我的忠告留给自己。这成了我们的惯例。又过了六个月，丹尼尔终于到了准备好的程度，准备去开始他一直知道自己需要做的那些改变。

丹尼尔强烈反对我最初提出的用领导习惯公式来改变行为的建议，这是一个明显的迹象，表明他还没有准备好采取行动，尽管他多年来一直在考虑做些什么来控制自己的脾气。自我认识只是让他走到了应走之路的中途。尽管理解了这个问题，他仍然处于心理学家所说的沉思阶段。

当人们处于沉思阶段时，他们会意识到自己的坏习惯或欠缺的技能，他们在考虑改变。你会听到他们谈论他们自己的缺点，他们甚至会像丹尼尔那样表示出懊悔和担忧。沉思者很理性地明白他们想要达到的理想状态，他们甚至知道如何去做就能实现改变，但他们还没有下定决心采取行动。他们陷入了决策瘫痪的两难境地——他们能认识到自己行为的负面影响，但也知道要改变有多难，他们一直在权衡接受挑战的利弊："我是否足够想要改变，不惜付出努力？还是保持老样子，一切都按部就班更容易些呢？我的行为到底有多差？"就像丹尼尔所做的那样，一个人可以在沉思阶段停留多年。对于思考者来说，改变习惯的利弊之间似乎是平衡的，所以他们感觉不到足够的压力来刺激他们采取行动。只做他们一直以来都在做的事情会更舒服，因为维持现状不需要任何额外的努力。思考者是不会采取行动的，直到他们发现天平倾斜，改变自己行为的开始利大于弊。作为教练，这是你可以提供帮助的地方。

令思考者惊讶

经过多年的思考，丹尼尔最终采取行动的原因是，我问了他一个他从未考虑过的问题，并且让他大吃一惊："你从发脾气中得到了什么好处呢？"

从利益的角度思考发脾气，这让他措手不及。当大多数人试图影响还在思考的人采取行动时，他们会专注于坏习惯的负面影响。这种方式很常见但观念并不正确，即为了避免负面后果激励人们去改变，这是在第八章我们学到的。大多数人认为，如果他们能让天平向负面作用倾斜，那些还在思考的人就会行动起来，但我们知道事实并非如此。人们不会为了避免负面后果而改变他们的习惯，他们只有在想要转变之后才会改变。对于那些处于思考阶段的人来说尤其如此。他们已经知道坏习惯的所有负面影响，但尽管他们知道吸烟、喝酒或发脾气对他们的危害，他们还是继续这样做。矛盾的是，思考者需要意识到的是他们的坏习惯对他们有什么好处。吸烟对吸烟者来说有什么好处？饮酒对酗酒者有什么好处？丹尼尔发脾气时的积极结果是什么？即使是坏习惯也会有好处。如果没有，处于思考阶段的人就不会继续这样做。

丹尼尔没有立即回答我的问题。他一直太专注于自己习惯的缺点，以至于他无法想出任何好处。我重新设计了这个问题，以帮助他从不同的角度看待自己的行为。"想想你最后一次发脾气的情景，"我说，"当时你感觉如何？"丹尼尔回忆起一次管理团队会议，他记得在激愤地长篇指责之后，他感觉如释重负。他说他感觉自己变得坚定、强大，有重新掌控局面的感觉——当他的团队无法按时交付软件时，他的感受正好相反。当我们谈到那次经历时，他意识到当他感到无力时，他是在利用自己的愤怒来获得控制感。这就是他最终从沉思转向行动所需要的思想转变。

当丹尼尔意识到发脾气给他带来的好处时，他明白了自己为什么要这样做。这种顿悟最终促使他改变了自己的行为，因为现在他可以想出更多更有效的方法来获得控制感，并在他似乎无法控制局面的情况下，依然感到坚定和强大。现在是我们谈论领导习惯公式的时候了，我们设计了一个简单的日常练习，教他控制自己的愤怒。

丹尼尔的经历对于处于沉思阶段的人来说是典型的。在社交软件 Facebook 上针对年轻人的一项戒烟计划中，研究人员发现，与那些只关注吸烟的负面影响的帖子相比，那些关注吸烟利弊的"决策平衡"帖子更能吸引沉思者的关注，他们会点赞或评论。就像丹尼尔一样，这个实验中的沉思者知道他们的行为对他们的健康有害，他们不需要更多关于肺气肿或肺癌的信息，或者其他任何烟草使用弊端的信息。他们需要的是一种视角，那就是坏习惯也以一种他们可能从未想过的方式给他们带来了好处。例如，吸烟者可以通过深吸一口香烟来获得一种放松的感觉，帮助他们减轻压力。

被坏习惯的好处惊讶到的沉思者，对为什么他们会一直保持这些坏习惯有了重要的认识，而这些认识让天平向改变倾斜。意识到坏习惯所带来的好处，有助于人们坚持他们的领导习惯练习，并使他们的新习惯长期保持下去，因为他们已经准备好去对抗或逃离那些可能让他们重回旧习惯的诱惑。

用不相容的行为代替坏习惯

当人们想到改变他们的习惯时，他们通常会想到他们想要停止做的事情，比如戒烟、少酒、戒掉快餐和苏打水，或者不发脾气。这种想法的问题在于它是消极的——它关注的是不去做什么，而不是去做什么。你不能建立一个不做某事的日常锻炼，那么如何扭转这种思维并帮助人们找到适当的日常练习呢？答案是一个简单的技巧，一些老师和家长或许已经十分熟悉了——用不相容的良好行为代替不良行为。

"停止这样做"的思维模式很难打破，因为对许多人来说，纠正错误行为的策略就是惩罚。如果一个孩子在午餐室里跑步，你会对他大喊让他停下来，或者对他进行隔离处分，又或者通知他的父母，有可能这三件事你都做了。如果这个孩子下次还是在午餐室乱跑时，你会重复惩罚。这是我们熟悉的"为避免消极后果而改变"的行为修正法的另一个例子，它与我本章已经讨论过的其他方法一样无效。

惩罚消极行为的另一种方法是，奖励你想要取代消极行为的积极行为。关键是这两种行为必须是不相容的——也就是说，两种行为必然不可能同时发生。例如，跑步和散步就是不相容的，因为你不能在慢步走的同时跑步，反之亦然。因此，不要因为在午餐室跑步而惩罚孩子，可以选择奖励他们在室内慢步走的行为。在犹他州的一所小学，研究人员测试的正是这一情景。当老师们看到孩子们在餐厅慢步走时，他们会口头表扬孩子们的表现，并给他们一张黄色记录卡以示对良好行为的认可，没有人因为跑步而受到惩罚。结果呢？在餐厅里跑步的人减少了75%，这表明，尽管与人们普遍的看法不同，但实际上，我们可以通过不惩罚，仅靠奖励另一个不相容的替代行为来停止不良行为。这种方法也对丹尼尔起了作用。

当丹尼尔准备好采取行动改变他的暴躁脾气时，我向他讲了领导习惯的公式，我们查看了第三部分的技能和练习目录，找到了适合他的日常练习。但是我们遇到了一个问题：没有针对坏脾气或控制愤怒的练习。我们还必须找到与丹尼尔的愤怒不相容的行为，因为领导习惯的公式是基于增加新的行为，而不是采取旧而无效的"停止那样做"的方法。一旦我们发现了不相容行为，我们就可以围绕构建出一个用户个人化的领导习惯练习。我以一个问题开始了这个过程："你认为愤怒的对立面是什么？"丹尼尔提到了关心、尊重和礼貌等内容，这与领导习惯中的"表示关怀"的领导技能相匹配。我们回顾了表现关怀的微行为和练习，丹尼尔最后确定了"以礼貌和尊重的方式与他人交流"的微行为。这是一个不错的选择，因为丹尼尔不能对同事大吼大叫的同时，以礼貌和尊重的方式与他们交流——这两种行为是不相容的。

接下来，丹尼尔和我必须把这种微行为转化为一种日常练习，并给予适当的提示，帮助丹尼尔用礼貌和尊重交流的积极行为取代发脾气的消极行为。

对丹尼尔来说，最有效的提示应该是他刚意识到自己要生气的那一刻，因为那一刻后他就要开始大吼大叫了。丹尼尔描述了当时的感觉，就好像他的身体是一壶盖紧盖子的沸水，压力逐渐累积直到他爆发。我们在提示文案的初稿中使用了这个比喻：当你注意到你的身体感觉像一壶烧开的沸水之后。但我们仍然需要将微行为本身变成日常练习，变成丹尼尔在他开始感到愤怒的那一刻所能做的事情。考虑到这将是一个及时的练习，我们有两个选择：丹尼尔要么做一个声明，要么提出问题。丹尼尔决定发表声明。我问："在这种情况下，你认为礼貌和尊重的交流方式是什么样的？"丹尼尔说，他应该感谢同事们让他注意到这个问题，并在回应之前要求一些时间让自己冷静下来。在此基础上，我们完成了丹尼尔培养新领导习惯的完整练习初稿。当感觉自己的身体像一壶开水时说："谢谢你让我注意到这一点。让我思考一下，稍后再回复你。"

丹尼尔的练习方案初稿是一个好的开始，但是我们仍然有两个问题需要解决。第一个问题是，对丹尼尔的提示太过具体，具体到是在他的脾气实际上已爆发的极端情景下——他感觉自己像一壶煮沸的水，而这只发生在即将推出新软件期间，并且在他被催促的条件下。这个提示过于具体，他无法每天练习，因此将新行为变成一种习惯的联系会变得困难。为了解决这个问题，我们需要找到一个类似的提示，且保证丹尼尔每天都会遇到。

第二个问题是，丹尼尔的练习与一种强烈的情绪体验直接相关——他变得十分生气以至于发脾气。要理解为什么这是一个问题，我们需要回到我的邻居萨布丽娜和她的狗麦克斯的故事，我在第四章介绍过。您可能还记得，萨布丽娜使用将简单行为链接在一起的技巧，来教麦克斯清理它的玩具。

指导领导者习惯

这对麦克斯所有的玩具都有效，除了一只尖叫鸡（玩具鸡）。麦克斯最喜欢它那只尖叫鸡。每当玩具鸡吱吱叫的时候，它就会兴奋得无法集中注意力，开始玩耍。麦克斯情不自禁——那只尖叫鸡就是他的情感触发器。当小鸡吱吱地叫时，麦克斯感到兴奋，它无法练习，也无法学会把玩具放好。

强烈情绪的体验，比如麦克斯的兴奋或丹尼尔的愤怒，会让他们失去专注力。我们被强烈的情绪淹没时，除了情绪本身，我们很难理性地去思考或专注于其他任何事情。在塑造习惯时，强烈的情绪会干扰到我们有意练习新行为的能力。如果有人想要取代高度情绪化的情况下出现的坏习惯，最好是在情绪低落的时候先演练这种行为。这正是丹尼尔所做的。

虽然丹尼尔并不总是觉得自己像一壶沸水（强烈的情绪）一样，但他确实每天都会经历一些小的沮丧和烦躁（微弱情绪），像大多数人一样。我们相应地调整了他的做法，在注意到最轻微的挫败感或烦躁之后，说："谢谢你让我注意到这一点。让我思考一下，稍后再回复你。"现在这个练习是丹尼尔每天都可以轻松做的。

支持领导习惯练习

对那些准备好改变行为和培养更好的领导技能的人来说，领导习惯公式提供了一个简单的行动计划：选择一个简单的日常练习进行操作，直到新的行为成为习惯。尽管这个公式让改变实现得更容易，但不要错误地认为人们只是在练习中轻松漫游 66 天（或更长时间）。要预计人们在整个过程中将会需要什么支持，正式的还是非正式的，了解不同的人在不同的时间需要的不同支持。有些人会公开向你表达他们改变的决心，有些人会向你确认他们是否在正确的轨道上，有些人会寻找一个负责任的伙伴，还有一些人会需要你来提高他们的自我效能（他们相信自己有能力成功地做出改变）。

当人们第一次开始练习时，他们通常会寻求肯定，以确保自己在正确的轨道上。新行为在这个阶段会让人感到尴尬和不舒服，所以人们很自然地需要他人对他们做得对的地方表达安慰和肯定。还记得你第一次系上安全带或开始学习一项新运动时的尴尬吗？尽管领导习惯练习非常简单，但是期望人们能马上掌握是不合理的。在过程早期存在失误很常见，不应该视其为失败的标志。作为一名教练，你可以通过肯定他们的努力并帮着规范其练习体验来提供支持，以克服学习历程早期的不确定性。像"大多数人在第一次尝试新行为时都会感到尴尬"这样的简单说法都会很有用。

随着我们熟练程度的提高，当新的行为融入到我们的自我形象中时，我们会觉得更自然。随着时间的推移，我们自然地将行为融入到自我形象中——某行为做得越多，我们就越把该行为视为自身的一部分。你还可以使用一些技巧来帮助加速这种融合。一是通过简单的反思，让学习者从认知上处理自己的练习体验，把它看作是你在第八章学到的虚伪诱导技巧的后续。在虚伪诱导中，你引导学习者通过让她为理想行为辩护来强化她的观点，这有助于学习者积极地认同行为。一旦学习者开始通过有意识的练习来改变自己的行为，反思新的行为可以帮助她加强对新行为的积极认同，加速其新的自我形象的形成。

在帮助人们处理新经历时，我建议使用一个简单的框架来引导对话。我比较喜欢的框架是 EAR，它代表"期望—行动—结果"。EAR 模型是理解人类行为的基本模型。使用 EAR 模型，我们可以将我们的日常经历看作是由我们的期望、我们的行动以及这些行动的结果这三者组成的。

期望是引导我们采取行动的思维过程，它包括我们对所处环境的看法、我们过去的类似经历、我们所做的假设、我们的感受，以及我们如何对我们的竞争需求和情绪做优先级排序。

行动是我们的实际行为，它包括我们针对情况和期望所说的、所做的或所写的。然后行动自然导致结果——我们行为的结果。

结果既包括我们自己对我们所做的事情的反应，也包括其他人的想法、感受和行为——他们对我们的行为所做的、说的或写的回应。

几乎在任何情况下都可以使用 EAR 框架。在领导人习惯公式的情景中，这是一个很好的方式，可以帮助人们反思他们最初的几次练习经历。图 9-1 为框架的每个部分提供了一个辅助性的问题列表。例如，如果你使用这个框架来帮助某人，那么回想他们最初的几次尝试，你可以询问他或她采取的行动："你做了什么，说了什么，写了什么？"然后你就可以探究是什么引发了这些问题："你注意到了什么？你是怎么想的？"最后，为了帮助学习者反思练习的结果，你可以问："最后的结果是什么？"在这一点上，看一个如何进行指导支持的例子可能会很有帮助。这是我和丹尼尔的对话，在他开始练习领导习惯两周后。

图 9-1。期望 – 行动 – 结果

期望	行动	结果
你是怎么想的?	你做了什么，说了什么，写了什么?	最终结果发生了什么?
你注意到了什么?	你做了什么决定?	你取得了什么成绩?
你做了什么假设?	你做了什么样的权衡和妥协?	其他人有何反应?
你感觉如何?	你没有尝试过什么?	其他人做了什么或说了什么作为回应?
这和什么相似?	下次你会有什么不同的做法吗?	其他人事后感觉如何?
你优先考虑的是什么?		事后你有什么想法或感觉?
你使用了哪些知识?		你能做什么来避免这种结果或反应?

我使用的不同技巧都用方括号注释。

我：我想跟踪一下我们上次讨论过的练习。情况怎么样?

丹尼尔：已经在进行中。我试过几次，但我得说这感觉起来很奇怪。

我：我很高兴听说你试过了，这是个好消息。[肯定] 你知道，

大多数人在尝试新行为时会感到尴尬。[规范体验]

丹尼尔：很高兴知道这个事实。我想任何新事物都需要时间来适应。

我：是的，确实。我很想知道你做这个练习时的具体情况。

丹尼尔：昨天，在我回家的路上，一个开发人员拦住我问了一个关于会议的问题，我很生气。我正赶着离开办公室去参加女儿的演奏会，他却来问我一个关于团队会议议程项目的愚蠢问题。我感到很恼火。

我：你做什么了？[行动]

丹尼尔：我感谢他让我注意到这件事，并告诉他我之后再回复他。

我：太棒了！你得到了一个很好的机会来实践这个练习，而且你记得要这么做了。

丹尼尔：[肯定] 是的，我做到了。

我：结果呢？[结果]

丹尼尔：他说："好的，谢谢。"

我：那之后你感觉如何？[结果]

丹尼尔：它实际上让我感觉很好。我没有生气，没有对他大喊大叫，也没有驳回他的问题。这是很好的练习。

我：你回答了他的问题，并告诉他你稍后会回复他。你表现得彬彬有礼，且尊重对方。[总结]

丹尼尔：是的。这让我感觉很好。

我：太好了。听到这个我很高兴。在他阻止你之前你是怎么想的？[期望]

丹尼尔：我赶着离开办公室，因为我担心去女儿的演奏会会迟到。

　　我：你对他的问题怎么看？［期望］

　　丹尼尔：我认为这很愚蠢。他看出我赶时间，他本可以查一下会议日程的。他没有必要拦住我。

　　我：你基于他看出来你匆忙冲出来的假设，所以你觉得他的问题很无礼。［总结］

　　丹尼尔：你可以这么说，是的。

　　我：这就是你生气的原因吗？［期望］

　　丹尼尔：是的，我显然是赶时间，他应该注意到这一点。

　　我：是什么让你想到了这个练习？

　　丹尼尔：［探索提示］这是一种恼怒情绪。我担心我会迟到时，他用一个微不足道的问题阻止了我。

　　请注意我是如何强化丹尼尔的第一次练习的，通过说其他人在第一次尝试新事物时也感到尴尬来规范他的体验。我还使用了 EAR 框架让他反思自己的练习经历。我帮助他分析了他采取的行动，是什么引发了行动，以及行动的结果。然后我们专注于提示，特别是他如何识别它，以及是什么让他认为有意愿执行这个练习。这个简单的指导讨论的目的，是用肯定来强化丹尼尔的尝试，通过加强他作为一个有礼貌、尊重人的自我形象来巩固他的练习。通过鼓励他思考提示并找出它的特征，让丹尼尔更有可能意识到未来的类似情况，并继续练习他的行为。

　　"你能行的。"

　　如果一个学习者在他领导习惯练习的最初几次的尝试是积极正面的，他将更有可能继续练习。正如你在与丹尼尔的谈话中看到的那样，创造一个舒适的空间，让学习者可以反思他的练习经历，这是一个很好的方法。另一个支持领导习惯练习的有效方法是提高学习者的自我效能，让他相信自己可以继续练习并成功地学习新的行为。

提高自我效能最常见的训练技巧之一，是帮助学习者发现他或她改变之路上的障碍。这样做是为了帮助人们反思是什么阻碍了他们完成目标，这样他们就能找到克服这些障碍的方法。比方说你知道的一些问题：是什么阻碍了你？什么使你无法做……？你在……中看到了什么障碍？

这些问题本意是好的，但结果适得其反。我们在一份旨在提高人们自我效能的 27 项研究的综述中发现，识别和讨论障碍的技能实际上导致了自我效能的降低。在探究了自己的个人障碍之后，人们对自己成功的能力变得不那么相信了。如果你能理解为什么批评性反馈不能激励人们去改变，那这就很好明白。就像批评性反馈会让人们积极地提出反对改变的理由一样，让人们思考他们面临的障碍，会让他们想出他们不能成功的理由。如果你对想要提高领导技能的人使用这种技巧，他们会告诉你为什么他们不能做领导习惯练习，或者为什么改变太难。在这个过程中，他们可能会说服自己这些原因都属实。那你该怎么做呢？

这份研究综述也发现了几种有效提高自我效能的策略。首先，积极的说服技巧，如建立一个人的信心或关注改变的好处，它们确实会产生影响。告诉别人："你能做到，只要继续练习，它会让你成为一个更好的领导者。"这当然没什么坏处。但是，除了积极的说服技巧之外，还有别的方法，并且更加有效——让人们知道他们已经练习了多少。这就解释了我在第五章中描述的计步器研究的发现。

在这项研究中，那些能够在智能手机上追踪自己表现的参与者，比那些无法使用手机应用程序的参与者进行了更多的体育活动。监测过去的表现使这些参与者意识到他们的成功——他们可以看到自己付出了多少努力。只要看到他们已经取得的成就，他们就会相信自己可以取得更多成就，从而鼓励他们比实际做得更多。

让人们意识到他们的成功，是提高自我效能的一种简单有效的方法。即使是几次早期成功的领导习惯练习，也可以为学习者相信自己提高领导技能奠定基础。

有趣的是，这项研究还发现，对人们过去的行为（通过电子邮件或在线方式）提供书面反馈，会比口头反馈产生更高的自我效能感。因此，如我在第五章所建议的，鼓励他人以书面形式记录他们的练习是非常重要的。书面跟踪的方法包括在纸质日历上划掉天数，检查重复的任务或待办事项，使用习惯跟踪智能手机应用程序等。人们越是严格地跟踪他们的练习，获得的反馈就能越多地提高他们的自我效能感。跟踪还提供了对过去成功练习进行简单指导的机会。例如，你可以问一个学习者总共练习了多少天，或者连续练习了多长时间。你可以用这些信息来帮助他庆祝他的早期胜利："你已经练了十天了！""这个成绩太棒了！"

除了确定跟踪练习作为一种提高自我效能的方法外，这项研究综述还发现了另一种几乎同样有效的方法：让学习者观察其他人如何练习他们正在练习的行为。事实证明，看到别人做某事让我们相信我们也能做到，从而提高我们的自我效能感。例如，你可以为你的学习者示范领导习惯练习，或者你也可以让他观察其他已经掌握这种技能的人。之后，使用图 9-1 中的 EAR 框架来讨论他从观察中学到了什么。试着提出这样的问题：是什么情况？是什么促使这个人做出这种行为的？这个人到底做了什么？这种行为的结果是什么？其他人对此有何反应？你的结果是什么？你是怎么想的？你感觉如何？

不要马上停下来

当人们在他们的领导习惯上取得进步，并依赖他们的新行为提升了能力时，他们技能的提高变得显而易见，他们看起来似乎已经成功地将这种行为变成了一种习惯。在大多数情形下，这种情况发生在学习者正在接近或已经达到掌握程度的时候，这恰好是在习惯真正形成之前。这是学习者发展的关键时点。一旦她达到掌握的程度，看起来似乎就没有什么可学的了，她会很想要把她的领导习惯练习停掉。但请记住，自动性是习惯形成的关键，它只有在过度学习阶段才会发生，也就是当人们练习到超越掌握程度之后。这里的危险是，如果学习者现在停止练习，不把行为转变成习惯，那么他们在此之前付出的所有努力都将白费。在此阶段你提供的支持，必须能够帮助学习者继续练习，直到习惯真正形成。一旦你注意到你所指导的人已达到掌握状态，就应该重新审视自动性的概念，并开始对学习者何时可以完全形成习惯的期望进行管理。当学习者能够毫无瑕疵地完成练习，而且对练习充满信心，或者他觉得自己已经不能再有任何改善时，你就知道他已经达到掌握的程度了。这是一个使用第二章中的自动性检查表（图 2-1）的好机会，来看看自动性是否已经开始形成。

对于一个已经达到掌握程度的学习者的期望管理，就是提醒他养成一个习惯需要多长时间——平均需要 66 天的练习（可能更长，取决于此人与其行为）。即使那些在理论上完全理解领导习惯公式的人，也很难在实践中接受 66 天的基线，这可能是因为它比人们普遍认为形成一个习惯只需要 21 天的时间周期要长 3 倍多。

我发现，它有助于解释学习者的大脑创造行为的思维模型，并最终对行为达到掌握程度的过程。现在，在过度学习的阶段，持续的练习使他的大脑通过减少不必要的过程和消除能量浪费，来努力更新这种思维模式。学习者在这个阶段并没有意识到他的大脑在努力工作，因为已达到掌握程度的行为在他看来很容易，在机体内部就已经是这样，所有这些无意识的辛苦练习将他的行为变成了习惯。如果学习者在思维模型得到完全完善之前停止练习，习惯就不会形成。这就是为什么学习者必须继续练习，尽管他觉得自己在练习中不能做得更好。

为习惯培养提供支持

正如我在本章开头所写的那样，领导习惯的指导就是在人们培养新的领导技能的过程中提供他们需要的支持。这种支持可以是正式的，也可以是非正式的，视情况而定。无论哪种方式，关键都是在正确的时间说正确的话。如果你需要一个快速的参考资料来帮助你为指导互动做准备，那图 9-2 可以说明人们在发展领导习惯时所经历的不同阶段，列出了每个阶段对应的关键指标，并提供了如何在每个阶段支持人们的建议。

永远记住，当人们准备好时，他们会按照自己的条件和自己的时间开始习惯塑造之旅。

那些没有意识到自己的习惯不良或技能欠缺，以及对反馈有抗拒的人可能还没有做好改变的准备。你不能用批评、负面影响或任何外部的威胁来激励他们，改变的动力必须来自他们内心。

图 9-2 指导领导习惯

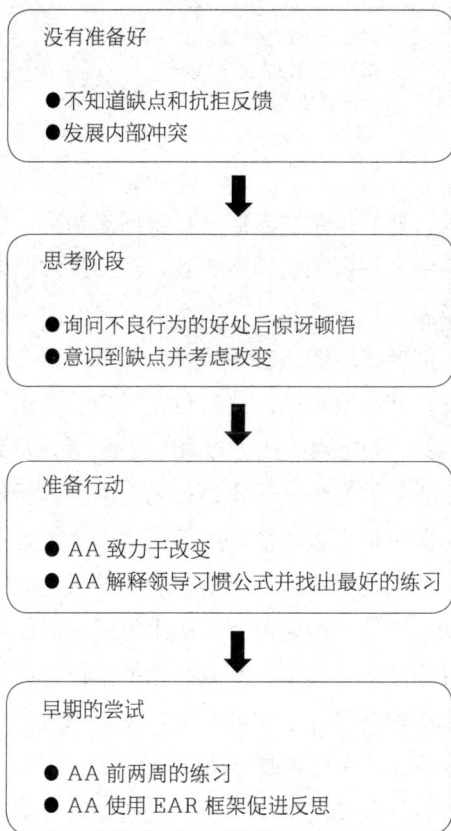

没有准备好

- 不知道缺点和抗拒反馈
- 发展内部冲突

思考阶段

- 询问不良行为的好处后惊讶顿悟
- 意识到缺点并考虑改变

准备行动

- AA 致力于改变
- AA 解释领导习惯公式并找出最好的练习

早期的尝试

- AA 前两周的练习
- AA 使用 EAR 框架促进反思

↓

练习

早期尝试后继续练习
通过讨论过去的成功实践提高自我效能，
继续使用 EAR 框架进行反思

↓

过度学习达到掌握程度——毫无瑕疵的表现
跟踪自动性方面的情况
管理期望

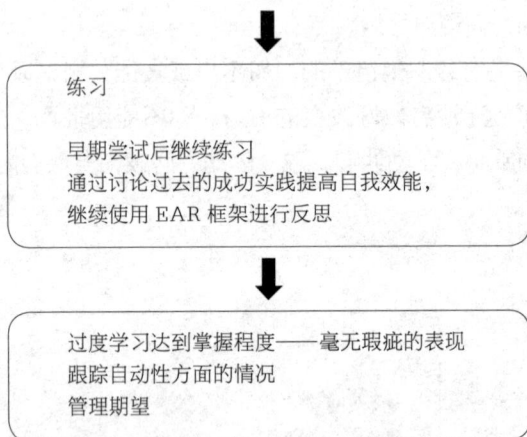

在此阶段，最好是帮助人们在自我形象和实际行为之间建立内在冲突。让这个人意识到这种不一致，从而激励他或她开始一段培养习惯的旅程。

要明白，需要改变的人并不总是立即开始这个过程，通常他们必须考虑改变，并说服自己这值得付出努力。在这个阶段，他们意识到他们有不妥当的行为或技巧方面的欠缺，并认真考虑采取行动。他们权衡做出改变的利弊——不良行为有多差，新技能有多重要，他们愿意付出多少精力去改变，等等。当一个人处于沉思阶段时，改变的利弊在他或她看来是均衡的。利弊的天平向一边倾斜后，他才会采取行动。否则，他将停留在沉思阶段。但你可以帮忙让天平变倾斜。与其把注意力集中在某人行为的消极方面，不如让他惊讶地发现自己从中得到了什么好处。这种视角的转变可以帮助一个人打破沉思的僵局，促使其采取行动。

当有人准备好行动的时候——比如说她叫黛安娜——她承诺要

做出改变。在黛安娜改变之前，很难确定她是否已经达到了这个阶段。但如果她让你知道她已经准备好改变自己的行为，那通常是一个好迹象。在这一点上，制订一个简单清晰的行动计划非常重要，也是领导习惯公式发挥作用的时候。我建议你花点时间向黛安娜简单解释一下这个公式的运行方式，以及它背后的研究成果，这有助于后续跟进。然后，你可以与她一起作为学习者，帮助她在第三部分找到她的第一个领导习惯练习。

在黛安娜确定了她的第一个练习之后，也就开始了她有意识的练习。我建议你立即建立一个跟踪机制，以便监督她的练习。这个练习一开始很可能会让人觉得尴尬，所以黛安娜需要得到肯定，让她意识到她在正确的轨道上。

使用图 9-1 中的 EAR 框架来帮助分析她早期尝试的几次练习，使她确信自己做的是正确的，或者找出需要调整的地方让练习对她更有效。也许提示需要更明显突出，或者行为需要更微小。

如果早期的尝试性练习进展顺利，黛安娜确信她做法正确，她将继续练习。在这个阶段，她会一边学习一边继续寻求对她努力的认可和肯定。你可以通过提高她的自我效能和定期强调过去的成功练习来支持她。这样的肯定会使她相信她可以成功，并激励她坚持下去。继续进行周期性的反思也是很有用的，这样可以确保你们都知晓哪些是有效的，哪些是需要调整的。

领导习惯公式的美妙之处在于，行为改变往往发生得很快，人们可以迅速掌握自己的练习内容。此时，习惯周期即将进入过度学习阶段。在过度学习阶段，人们能够毫无瑕疵地完成练习。这是一个重要的成就，但如果学习者不明白需要继续练习到超越掌握程度，就会产生问题，他们可能会觉得自己停滞不前，是时候开始新的练习了。要指导处于过度学习阶段的人，可使用自动化检查表（第二章中的图 2-1）来了解他们还差多远就可以形成新习惯，并通过重申平均需要 66 天的练习才能实现自动化来管理他们的期望。它也可能有助于解释他们的大脑是如何无意识地努力精简他们的行为思维模型的，即使这种练习似乎不再需要更多有意的练习。

请记住，尽管我曾将利用领导习惯公式培养领导技能描述为一个线性过程，但人们受挫后会经常性地重回到初始阶段，这很常见。因此，不要以为你所指导的学员只是在向前迈进。你必须时刻保持警惕，看看他们在这个过程中处于什么位置，并相应地调整你的支持帮助。

与好习惯同行

领导者的习惯公式提供了一个实用的模型，你可以用它来帮助别人发展领导技能，并成为更好的领导者和教练。该模型易于解释，第三部分提供的领导技能和练习目录使其易于实践。父母、老师、朋友、教会和社区干部以及非正式导师可以利用这些原则，帮助他人实现个人成长；企业管理者可以用这个公式来培养员工；高管、生活教练和咨询师可以将其用于客户；人力资源和组织发展专业人员可以利用它在组织内建立有效的领导力发展项目。

生活总是在不断地变化，我们对所遇到的每一种情况都会有习惯性的反应，不论好坏。你下意识做的每个新行为都有可能变成一个新习惯。你会欣赏其中的一些习惯，也会对某些表示遗憾。一旦一个习惯形成了，你可能不记得是有意还是无意，但想要打破它却必然很困难。这个力量来自于我们大脑的自动反应——将行为转化为对特定提示的反馈。如果我们的习惯是消极的,这种力量会阻止我们前进。但如果我们利用它来培养新的技能,它可以帮助我们成长。无论你是养成自己的习惯,还是支持他人培养习惯,都是如此。在你的新习惯生根发芽,并开始通过新的无意识行为塑造你的行为之后,你今天决定成为什么样的人,你就会在几个月内自动成为那样的人,将这股力量为你所用。领导习惯公式可以让你和你指导的人轻松掌握各种技能,每天只需几分钟。你越早开始练习,你就会越早看到变化——你的新技能就会越早成为你的领导者习惯。

致 谢

　　本书是团队合作的成果。我必须认可 AMACOM 出版社的出色团队，他们让出版过程成为一次非常充实的体验，以及我在 Pinsight® 的精湛团队，感谢他们每天都忍受我有好有坏的领导习惯。许多人为本书做出了重要的贡献，无论是直接的，还是通过影响我的思想、商业和生活达成的。

　　特别感谢：

　　马克·施普林格（Mark Springer）对本书的每一章、部分、页面和句子不知疲倦地修改、编辑和评论。你给出了整本书的内容样式。

　　感谢艾伦卡丁（Ellen Kadin）让我有机会提交提案五次。我祈祷最后一个版本能成功。

　　感谢詹妮弗·霍尔德建议我在劳动节周末重写本书三分之一的篇幅。我相信它使本书（和我）更强大。

克里斯蒂·帕尼科（Christy Panico），伯尼·沃斯（Bernie Voss）以及 Pinsight® 的其他所有人都参与了我们关于领导技能的全球研究。我们希望，我们的见解能让糟糕的经理们消失。

感谢劳拉，斯科特，我的邻居塞布丽娜，金色猎犬马克斯，约翰，露丝和丹尼尔。我永远不会在现实生活中透露谁是谁。

感谢妈妈鼓励我在想要放弃的时候登上回美国的飞机，感谢总是和我一起笑的姐姐，感谢我的奶奶让我用她的打字机写我的第一本书（我希望没有人能找到它）。

我非常爱你们。

感谢鲍勃和珍妮·恩斯利教会了我慷慨大方的习惯。

感谢塔拉·维加（Tara Vega）在凌晨3点回复瓦次普（WhatsApp）的消息。你必须停止（熬夜）！

迈尔斯·鲍德温（Miles Baldwin）帮助我将研究生院项目转变为蓬勃发展的业务。

克里斯汀（Christine）和雅克·德沃（Jacques Devaud）围绕你们完美的桌子进行了激动人心的商业讨论。

李·库勒（Lee Kooler）的姓应该是"koolest"（最酷的），因为在她的课上我爱上了心理学。

感谢杰米·麦克里向我介绍我未来的咨询事业。

柯特·克拉格（Kurt Kraiger）和乔治·桑顿（George Thornton），感谢他们耐心地监督我的毕业作品。

达萨·皮卡洛娃（Dasa Pikalova）和亚历桑德·萨布尔（Alejandro Sabre）教我日常（钢琴）练习的纪律。

奥特姆（Autumn）和泰丝（Tess），你们比任何人都更清楚地看到我的坏习惯，但你们仍然是我的朋友。

　　最后，感谢我们企业的客户，他们继续在发展员工方面投资，以及全球数千名有抱负的领导者，他们每年都会完成我们的课程。您的新习惯继续激励着 Pinsight® 的所有人。